高效产品调研

成就伟大产品的9个黄金调研原则

[土耳其]阿拉斯·比尔根（Aras Bilgen）
[美]C. 托德·隆巴多（C. Todd Lombardo）
[美]迈克尔·康纳斯（Michael Connors）著

傅婕 译

Beijing · Boston · Farnham · Sebastopol · Tokyo

O'Reilly Media, Inc. 授权机械工业出版社出版

机械工业出版社
CHINA MACHINE PRESS

图书在版编目（CIP）数据

高效产品调研：成就伟大产品的 9 个黄金调研原则 /（土）阿拉斯·比尔根（Aras Bilgen），（美）C. 托德·隆巴多（C. Todd Lombardo），（美）迈克尔·康纳斯（Michael Connors）著；傅婕译 . —北京：机械工业出版社，2023.11

书名原文：Product Research Rules: Nine Foundational Rules for Product Teams to Run Accurate Research that Delivers Actionable Insight

ISBN 978-7-111-73893-0

Ⅰ.①高… Ⅱ.①阿… ②C… ③迈… ④傅… Ⅲ.①产品质量－调查研究 Ⅳ.① F273.2

中国国家版本馆 CIP 数据核字（2023）第 180352 号

机械工业出版社（北京市百万庄大街22号　邮政编码100037）
策划编辑：王春华　　　　　　　　　　责任编辑：王春华
责任校对：潘　蕊　李　杉　闫　焱　责任印制：常天培
北京铭成印刷有限公司印刷
2024 年 3 月第 1 版第 1 次印刷
178mm×233mm · 13 印张 · 213 千字
标准书号：ISBN 978-7-111-73893-0
定价：79.00 元

电话服务　　　　　　　　　　　　网络服务
客服电话：010-88361066　　　　　机 工 官 网：www.cmpbook.com
　　　　　010-88379833　　　　　机 工 官 博：weibo.com/cmp1952
　　　　　010-68326294　　　　　金 书 网：www.golden-book.com
封底无防伪标均为盗版　　　　　机工教育服务网：www.cmpedu.com

O'Reilly Media, Inc.介绍

O'Reilly以"分享创新知识、改变世界"为己任。40多年来我们一直向企业、个人提供成功所必需之技能及思想,激励他们创新并做得更好。

O'Reilly业务的核心是独特的专家及创新者网络,众多专家及创新者通过我们分享知识。我们的在线学习(Online Learning)平台提供独家的直播培训、互动学习、认证体验、图书、视频,等等,使客户更容易获取业务成功所需的专业知识。几十年来O'Reilly图书一直被视为学习开创未来之技术的权威资料。我们所做的一切是为了帮助各领域的专业人士学习最佳实践,发现并塑造科技行业未来的新趋势。

我们的客户渴望做出推动世界前进的创新之举,我们希望能助他们一臂之力。

业界评论

"O'Reilly Radar博客有口皆碑。"

——*Wired*

"O'Reilly凭借一系列非凡想法(真希望当初我也想到了)建立了数百万美元的业务。"

——*Business 2.0*

"O'Reilly Conference是聚集关键思想领袖的绝对典范。"

——*CRN*

"一本O'Reilly的书就代表一个有用、有前途、需要学习的主题。"

——*Irish Times*

"Tim是位特立独行的商人,他不光放眼于最长远、最广阔的领域,并且切实地按照Yogi Berra的建议去做了:'如果你在路上遇到岔路口,那就走小路。'回顾过去,Tim似乎每一次都选择了小路,而且有几次都是一闪即逝的机会,尽管大路也不错。"

——*Linux Journal*

目录

序

随着产品探索实践的日趋成熟，产品调研人员重申基于证据制定产品决策的重要性。产品团队也在力求以消费者为中心，以数据为依据，以假设为导向。团队成员正在采用更严谨的方法获取决策输入，依靠用户访谈、原型测试以及行为学分析来更好地了解消费者。他们也在测试技术上投入了更多，例如，开展A/B 测试，监测点击指标，以及追踪不同测试组的数据来了解产品的效果。

当看到新的调研方法越来越受欢迎时，我们也发现，产品团队在采用调研手段，以及通过调研提取有价值信息的成功度方面存在很大差异。很少有团队成员接受过调研专业方向的培训或调研方法方面的训练。因此，我们看到，一些团队只会跟风于博客文章或大会演讲中总结出的最佳实践，而对这些方法为何有效以及如何实践缺乏深入的理解。大多数团队只遵从样例行事，而非基于团队当下的具体情况选择最适合的调研方式。

一些产品团队拥有用户研究人员、数据科学家或商业智能团队。在一些公司中，产品团队将调研工作交给这些专业支持团队，然后拿回一份调研报告。但这种报告很难被有效执行，因为它完全产自另一种不同的工作状态。支持团队通常为许多团队提供服务，几乎没有多余"带宽"。而产品团队不断了解哪些可行，哪些不可行，团队的调研需求每周都在随之变化。在另一些公司中，这些调研团队通常扮演着主题专家的角色，为产品团队如何亲自开展调研提供建议。当团队"带宽"充足时，这种方式可以很好地发挥作用，然而现实中，几乎不可能存在这种情况。

如果调研能力不足，那么一个真正能自我赋能的、跨职能的、自主研发的产品团队便无法茁壮成长。大多数公司已然迫于资源限制，无法招聘此类角色。相应地，这些公司需要另一种方法来迅速提高这些跨职能团队成员的调研技能，帮助他们养成实验化的思维方式。我们应当帮助那些渴望学习的人提高调研能力。对于他们来说，本书将是一个很好的起点。

——Teresa Torres, 2020

前言

产品调研并不困难。它不必花费很长的时间或大量的金钱，也不一定要由科学家或调研专家完成。调研可以是快速、低廉和简单的，而且整个团队成员都可以实施。你只需要记得一些规则，并培养一种调研思维习惯。

开启这段旅程前，先思考一个问题：在历经数十年发展的数字化产品行业中，一些团队打造的产品为何依旧会失败？一篇篇文章给出了明确的答案：短视，缺乏市场契合度，缺少差异化，缺乏重点，无法跨越技术壁垒，负面评价太多，等等。归根结底，反映出一个问题：不了解消费者的真正需求。

当想要了解消费者时，团队会转向市场调研与用户研究。市场调研收集并分析相关市场的信息，这些信息按其销售的产品或服务进行归类。调研涉及一家企业的目标市场及行业的整体特征、消费习惯、目标定位及需求。用户研究运用以人为核心的方法确定用户的目标、需求及动机。

虽然市场调研和用户研究都能挖掘出很好的洞见，但许多团队未能及时基于这些洞见采取行动。调研只是被当作一种特殊的、神圣的项目，拥有特殊知识的少数人才能进行研究，而他们错过了在实际的产品中运用调研结果的机会。结果带来的是挫败感、对市场了解不足，以及一个不是为用户设计的产品。

定性研究中不存在具体的"硬性数字"，因此有效的定性数据有时会被忽视。数字重要，但并非所有数字都重要[注1]。遗憾的是，许多执行者不知道如何处理定性研究的结果，相反，他们喜欢看似更靠谱的数字。产品调研中，数字确实重

注 1：Adi Ignatius, " The Tyranny of Numbers, " Harvard Business Review (September-October 2019), *https://hbr.org/2019/09/the-tyranny-of-numbers.*

要，其重要性不亚于用户故事、轶事，以及能获得洞见的行为观察。

产品调研是一种融合了用户研究、市场调研及产品分析的方法，旨在帮助产品团队及时且持续地获得洞见（如图 1 所示）。

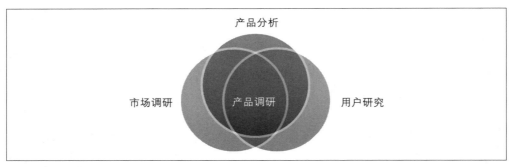

图 1：产品调研

如果缺乏合适的数据，你的结论和洞见可能会将你引入歧途。我们会教你如何处理这三种研究结果，将关键点串联起来以获得明智的洞见，引导你打造伟大的产品。

有些人认为调研是对时间和资源的浪费，如果你也是其中的一员，我们很高兴你翻开了本书。这么想通常是因为调研执行得太草率，造成结果不一致，也无法获得洞见。产品调研结合了市场调研和用户研究的优势，着重了解产品如何为用户服务。它使用产品分析的方法来定义研究问题，基于行为数据来了解用户。产品调研承认市场影响的存在，并在分析结果和给出执行建议时，始终会考虑市场波动带来的影响。

产品调研不仅包括调研，还包括与用户交谈以及分析数据。它是一种思维方式的转变——一种将自我成见考虑在内的新思维方式。每个人都有强烈的偏见，很自我，有自己的节奏，这些阻碍着我们从用户身上获取有效且可靠的洞见。而产品调研方法就是要正面解决这些问题。

拒绝调研的借口

让我们看看一些公司为了不做调研给出了什么样的借口。这些借口非常普遍，你可能也用过其中一些。

耗时太长

产品调研有许多方法，其中一些确实需要很长时间，比如多国人种学研究。但还有许多方法可以在几周、几天甚至几小时内进行。你完全无须为了寻找有价值的洞见而耗时几个月。本书会教你如何快速探索你想获得的信息。

缺乏预算

你的大部分调研需求都可以在预算友好的情况下反复进行，也不会影响质量。许多时候，如果一开始没有很好地理解用户需求，就会导致代价高昂的产品延期、财务绩效差，以及开支昂贵的重新设计。反思一下：我们是否有预算重新设计？如果答案为否，那么回避调研可能是你犯过的最昂贵的错误。

用户需求由我们决定

有时，团队会花几天或几周时间来讨论打造什么样的产品，以及用户需要什么。不幸的是，在这些讨论中，没有任何有关需求、行为与动机等用户信息的输入。作为一个团队，组织一场大会来探讨想法虽然很好，但由于缺少用户参与，因此它无法替代调研。

我们不是调研人员

没有人生来就是调研人员。曾经，我们也不懂调研。调研是一种可以习得的技能。有了正确的思维方式和基本方法，任何人都能同用户合作，理解数据，获得洞见。我们希望书中的这些指南能够帮助你学会如何进行有效的产品调研。

新产品

对于打造一个全新的项目，团队通常感到兴奋。但在没有类似产品的情况下，如何针对新产品做用户研究呢？别担心，总有一些方法可以收集潜在用户的反馈。实际上，假如新产品是首次投入市场，那么你将承担很大的风险。尽早获得反馈，及时调整，有助于打磨出更好的产品。

改动小

假如产品仅仅做了一个小的改动，需要做调研吗？经过日积月累，许多小改动会导致大的改变，虽然团队有能力迭代小改动是件好事，但对于用户来说，这依然是一种全新体验。小改动能够也应当在调研中进行验证。

功能是首要的

敏捷开发、精益方法论及软件开发运营（DevOps）使我们能够比以往任何时候更容易打造一款软件。在这个讲究速度和入市时间的时代，先交付再思考似乎是很正常的。然而，快速交付的功能也会快速影响你的用户。产品调研能兼容当代技术交付的现实，本书涉及的方法可用在包括敏捷软件交付在内的许多交付方法中。具体来说，我们将在第 9 章探讨敏捷和产品调研的话题。

时机不合适

任何时机都是好时机。调研可分为许多种，不同类型的调研适用于在不同时间解决不同的问题（第 4 章将详细介绍这部分内容）。针对你的问题，在不变更时间计划的情况下，依然有许多产品调研手段可供选择。

测试用户少

调研用户不需要很多。如果你对定量研究方法很有经验，前面这种说法和你知道的可能有点相违背。你会高声质问："统计显著性呢？"在定性研究中，当我们能够捕捉到所观察事物的本质和丰富信息时，即使数据层面上不具备统计显著性，研究也是有效的。对于许多研究方法而言，只需 5～10 名用户参与就能够验证你的想法。

数据充足

数据是所有产品调研的起点（详见第 3 章）。然而，虽然 Google Analytics、Omniture、Mixpanel、Appsee 及类似的监测系统非常善于获取用户的行为，但却无法洞悉用户行为背后的原因。只有将行为监测系统所获得的用户真实行为数据与定性研究相结合，才能获得可靠的洞见。

在测试中改进

产品测试和推出测试版是获得用户反馈的好机会。但是，产品发布时做调整的代价很大，也会使你的早期用户感到不安。而横跨整个产品生命周期的产品调研能以更低的代价，为你提供与试点一样的反馈，你也能在此期间修复产品。

不做调研的企业步履维艰。Color 曾是一家初创公司，目标是打造 2011 年最流行、最有趣的社交网络。团队资金充裕，目标明确，于是开始构建产品。然而在当时，团队忽视了社交网络操作的易用性、内容的丰富性和产品的简单化，这导致用户增长很缓慢，以至于最终彻底关闭了该社交网络。创始人 Bill Nguyen 总结时谈道："我以为我们将打造一个比 Facebook 更好的社交网络，不到 30 分钟，我就意识到，天哪，它完了。"[注2] 团队之前关于服务会很好的假设根本不成立，修复问题也为时已晚。这么说有点"事后诸葛亮"，但如果早些获得用户反馈，便能获得一些预警信号，从而让团队有时间调整。

产品调研的技能是可以培养的。只要有正确的培训和思维方法，每个人都可以做到。计划得当的话，调研的开支很少。产品调研只需几天时间（而非几个月）就能产出结果，这意味着它能很容易融入当前的产品实践。当产品调研变得简单时，它就会成为一种习惯，从而让团队更快乐、更投入地打造出更好的产品。

我不是调研人员！

你不需要获得学位或正式认证就可以同用户对话，提出满足他们需求的解决方案。让我们认识一下 Cansu、Julio，以及 Kloia 公司的极客们。

Cansu

Cansu 是 Garanti BBVA 的一名高级业务分析师，在产品研发团队中负责业务流程数字化方面的工作。她拥有工业工程学位，大学没有上过调研相关的课程。来 Garanti BBVA 之前，她在人机工程学课程中了解到用户的重要性，但没有参与过真实的用户研究。

在一次重要的重新设计会议上，所有人都提出了自己对于系统设计的想法。Cansu 意识到没有人真正了解用户面临的问题是什么。于是她同用户交谈，收获了许多。之后，她同设计师和调研人员一起合作，提升她在用户交流方面的技能。

在 5 年的调研中，她与 100 多位用户有过交流，记录了超过 200 小时的面对面沟通。同时也花费了很多时间奔波在路上，因为她经常拜访用户。

Julio

Julio 在波士顿大学读大四时，曾是 C. Todd 所在公司的产品实习生。他以前没

注 2：Danielle Sacks, " Bill Nguyen: The Boy in the Bubble, " Fast Company (October 19, 2011), *https:// www.fastcompany.com/1784823/bill-nguyen-the-boy-in-the-bubble*.

有接触过任何调研方法。在实习中，他学会了如何对用户进行访谈，以及如何将用户数据融入产品需求中。是不是很完美？并不是！但肯定比我们在某些团队中看到的情况要好很多，而且他成长了不少。实习结束时，他告诉我们，实习期间最大的收获之一就是以富有洞察力的方式同用户交谈。他能做到，你一定也行！

Kloia

Kloia 是一家小型咨询公司，雇用了 30 名超级极客顾问，擅长 DevOps、云技术及微服务。尽管身处 IT 行业，顾问也采用调研方法来了解客户需求。创始人 Derya Sezen 解释说：

> *"许多客户找到我们，咨询有关简单 IT 工具替换的项目，希望通过一些小改动来解决当前的问题。在初步接触中，我们发现他们的问题其实更大。即便他们无法表达出来，我们也会采用一些设计方法来更好地了解潜在问题。"*

2018 年以来，Kloia 一直采用基础调研手段辅助规划 IT 项目，完成了许多成功的技术转型。这些转型源于人的需求，而非 IT 技术指令或对工具的选择[注3]。

什么阶段需要做产品调研

随时！产品研发的各个阶段都需要产品调研。因为在产品研发流程的不同阶段，需要了解的用户信息不同。在此处，我们将尽可能简化产品研发流程，在 3 个不同阶段进行描述。

第 1 阶段探索产品或功能的市场价值。在这个阶段，你需要一个更宽泛的环境来研究用户的深层次需求。往往你并没有具体的研发计划，只是想验证想法的好坏。这个阶段需要的是确认问题。例如，你对问题的理解是否正确？是否考虑过正确的解决方案？你是否打算针对问题来实施这些方案？

注 3：更多内容参见 Agile Alliance Experience Report, " Using Design Methods to Establish Healthy DevOps Practices," *https://www.agilealliance.org/resources/experience-reports/using-design-methods-to-establish-healthy-devops-practices*.

第 2 阶段产品或功能研发。此时，产品调研使你保持方向，评估正确的方案。调研结果或许也会建议你探索其他替代方案。既然你对问题有了深入理解，为何还在某些方面纠结？你最初的假设是否依然成立？解决方案的方向是否正确？

第 3 阶段产品或功能上线后的回顾或功能优化。此时，调研帮助你观察用户行为的变化。在这个阶段，你可以直接在用户身上验证你的假设，观察在你提供的产品或服务中用户需求是如何发生改变的。

假如你还是产品调研的新手，可能会在时间安排上感到担忧。我们经常听到一些忙碌的产品人说："天哪，我几乎连喝咖啡的时间都没有！怎么可能有时间做调研？"针对这一点，我们会在本书中讨论如何合理安排时间，并会列举大量案例，这些案例来自不同规模以及有不同调研预算的公司。

综合各类调研

产品调研综合了不同调研的门类，即用户研究、市场调研和产品分析。虽然这些门类之间存在一些交叠，但各自侧重点不同。每种门类下又有一些针对某种特定类型调研的子类型。以下是关于这些调研门类的概述。

用户研究

用户研究是研究用户在产品使用过程中借助产品做了什么，又围绕产品做了什么。它通过研究真实的用户来了解用户的动机、行为及需求。它的目的是了解用户如何使用一款产品，在体验产品之前、体验过程中以及体验后会发生什么。

实践中，大多数用户研究可被拆分为三类：生成性用户研究、描述性用户研究和评估性用户研究[4]。

生成性用户研究

这类用户研究的目标是深入充分地了解用户的需求与期望，包括用户行为、态

注 4：关于这些不同方法的概述可参阅 Erika Hall 所著的 *Just Enough Research*（A Book Apart 出版）一书。

度和观点。它在产品研发早期用于探索问题与方向。这类研究要了解用户细微的行为实践，所以调研人员会花费大量时间与受访者共处，采用诸如人种学研究和情景式访谈的方式。

描述性用户研究

这类用户研究的目标是揭示用户的行为方式，或详细阐述一种行为现象。它帮助团队理解某个具体问题是如何产生的。此类研究采用访谈、情景式访谈及日记研究等方法进行。

评估性用户研究

这类用户研究的目标是了解某项内容与一组已知标准的对比情况。它也用于确认一种特定方案，以解决当前所面临的问题。可用性研究和A/B测试都是典型的评估性研究方法，当我们已经有一款线上数字化产品或不错的产品原型时，可采用这些方法验证。

市场调研

市场调研包括收集用户需求数据，以及分析数据来制定相关决策，例如，战略、流程、运营、增长方面的决策。市场调研在很大程度上影响了一家公司的经营内容及投资重点。

市场调研通常分为4类：探索性市场调研、描述性市场调研、因果市场调研和预测性市场调研。

探索性市场调研

这类市场调研用在调研方向非常不明朗的情形。它定义了新产品及现有产品的增长途径。市场探索通常会运用公司内及公司外的各类二级数据，以及一些观察性研究、专家观点及用户反馈信息。

描述性市场调研

这类市场调研专注于发现某些事情的产生方式、产生频率以及彼此之间的关联。访谈及调查是比较流行的市场调研方法。

因果市场调研

这类市场调研旨在建立一组信息变量之间的因果关系。它非常依赖于统计学方法及大数据集，需要比较严谨的调研方法。

预测性市场调研

这类市场调研能够帮助预测某些市场变量。它能预测用户的需求和需求产生的时间，这些调研结果可能影响未来销售、增长预估或产品研发。

产品分析

产品分析是指从用户留下的数据线索中发现他们是如何使用你的产品的。产品分析可基于大量用户行为数据来探寻问题的答案，也可用于定义和完善问题，详见第 3 章。

产品分析可分为 4 类：描述性分析、诊断性分析、预测性分析和指导性分析。对于大多数产品分析，一般采用描述性分析和诊断性分析。我们将在第 7 章讨论更多细节。

描述性分析

这类分析描述可以通过数据得到哪些信息，比如用户下载量、1 分钟内的用户离开率等。它描绘了一张用户行为的数据全景图。

诊断性分析

这类分析可用于诊断事情发生的原因。它使用数据发现、数据钻取、数据挖掘及数据统计相关性等技术手段。

预测性分析

这类分析能基于过去发生的事情来预测未来的情况。它会收集当前数据，运用统计学方法（通常使用机器学习）来预测用户行为。

指导性分析

这类分析能基于对用户当下行为的了解及未来行为的判断来定义后续策略。因此，指导性分析衍生于预测性分析，但更超前。

如你所见，有如此多的调研类型与方法，调研人员选择哪一种最合适呢？在第4章，我们将讨论如何基于期望与目标来选择合适的调研类型及调研方法。

一套产品调研规则

本书是我们十几年来在产品调研领域的经验总结。在此期间，我们看到了一些能使调研有效且令人愉悦的模式。我们曾想过将这些模式总结为任何团队都可参照的秘诀。但我们意识到，一旦内容覆盖了产品、服务、商业模式、市场、目标受众、团队成员技能等，这份秘诀就将变得庞杂。况且各个团队的调研方法迥异。好的洞见来自定性与定量方法的结合，倘若用文字呈现这些方法的每一种组合，这将不只是一本简单的书，而是一部百科全书。即便我们拥有一些秘诀，但产品所面临的真实处境我们却无法尽知，所以秘诀或许有效，但无法完全适用。

我们并没有基于这些模式来创建秘诀，而是打算将它们提炼成一些规则来指导实践。相信这些规则有更多的适用性，并且在工作流程中，你也能有更多自由把控的空间。为了与实际情况结合，我们增加了一些例子来说明不同团队是如何应用这些规则的，以及这些团队取得了哪些成果。

规则1：拥抱错误
　　我们都希望自己的想法能转化为成功的、令人愉悦且流行的产品。但我们的许多想法都是糟糕的，其中一些甚至非常可怕。产品调研会说明，我们那些精妙的想法实际上可能并不怎么样。你必须更加习惯于接受比你想象中更多的错误，保持开放的心态从用户中学习。

规则2：人人持有偏见，包括你
　　人类持有许多偏见。我们讲话、思考、分享观点时，都会存在偏见，偏见误导我们得出不准确的结论。我们无法完全摆脱偏见，但可以接受并处理好它们。

规则3：好的洞见始于一个问题
　　如果你听到自己说"哦，我们做个调查吧！""我们需要人物画像！"，那么这

条规则就是为你准备的。好的调研始于一个问题，而不是一种方法或一个成果。好的调研问题来自我们已有的数据——我们已知的信息。一个明确且中立的调研问题是收获良好洞见的关键。

规则 4：计划使调研行之有效

假如你是调研新手，你会非常惊讶地发现，你和用户相处的时间远小于准备调研的时间。选择调研方法，挑选用户，准备调研大纲、协议，沟通计划，这些都需要大量时间，但在调研分享和分析中你会发现，在这些方面花时间是非常值得且有回报的。

规则 5：访谈是一项基本技能

在大多数调研中，我们都要与人交谈，所以访谈是所有调研方法的基础。即使是访谈技能的小改进，也会极大地帮助你与用户建立更紧密的联系，从而以更丰富、更个人化的方式获取信息。

规则 6：仅有对话不够

虽然你可以从一些简单的对话中获得许多信息，但许多情况下，你仍然需要借助其他手段来获得洞见。当然，产品分析和定量数据分析是弥补对话不足的方式之一。此外，通过诸如直接与参与者合作或请参与者完成一系列任务等定性手段，可以收集一些无法通过访谈获得的见解。

规则 7：协作分析共同成长

使调研结果得到认可的第一步就是邀请利益相关者参与分析。虽然并非次次可行，但请他们参与部分分析有利于推动他们接受你的调研结果——更重要的是积极行动。

规则 8：共享洞见

如果洞见报告无人阅读，它还会被融入产品中吗？团队可以通过许多方式分享产品调研洞见，书中会介绍一些有效分享的技巧。

规则 9：好的调研习惯成就伟大的产品

调研不是一项一劳永逸的事情。将产品调研融入日常工作方式的团队，不仅能定期获得洞见，也可基于洞见迅速调整产品，继而造就更好的产品。

现在你明白了，9 条规则可以帮助任何规模、任何预算、从事任何类型项目的产品团队。与所有规则一样，它们注定要被打破。实际上，我们打破过每一条规则——有时是无心的，有时是刻意的。但是理解这些产品调研指南会帮助你创造人们想要的产品——然后你可以考虑规则之外的情况。

让我们开始吧。

致谢

Adaora Spectra Asala	Fernando Oliveira	Özge Atçı
Adrian Howard	Gabriela Bufrem	Özlem Mis
Alex Purwanto	Gökhan Besen	Pablo Gil Torres
Alper Gökalp	Gregg Bernstein	Pelin Kenez
Andrea Saez	Hope Gurion	Pınar Yumruktepe
Aylin Tokuç	Janna Bastow	Randy Silver
Becky White	Jofish Kaye	Rıfat Ordulu
Beril Karabulut	Kate Towsey	Rob Manzano
Berk Çebi	Kayla Geer	Roger Maranan
Bruce McCarthy	Lan Guo	Sercan Er
Cat Smalls	Levent Atan	Shirin Shahin
Chris Skeels	Lily Smith	Sophie Bradshaw（编辑）
Dan Berlin	Loui Vongphrachanh	Steve Portigal
Dan Rothstein	Martin Eriksson	Şüheyda Oğan
Daniel Elizalde	Matt LeMay	Takahiro Kuramoto
Dilek Dalda	Melissa Perri	Theresa Torres
Doğa Aytuna	Michael Zarro	Thomas Carpenter
Emre Ertan	Mona Patel	Tim Herbig
Erde Hushgerry-Aur	Murat Erdoğan	Yakup Bayrak
Erman Emincik	Mustafa Dalcı	Yasemin Efe Yalçın
Esin Işık	Nilay Ocak	
Evren Akar	Orkun Buran	

Aras

几年前，Ercan Altuğ 和 Adnan Ertemel 有了出书的想法，而 C. Todd 开启了这件事的序幕。如果没有他们的鼓励和支持，我对本书的贡献充其量只会是几篇 Medium 上的文章而已。

我真的很感激每一位传授我宝贵经验的人，是他们促成了这本书。我想感谢我出色的经理（Jenny Dunlop、Chris Liu、Darrell LeBlanc、Fatih Bektaşoğlu、Eray Kaya 和 Hüsnü Erel）、给予我灵感与鼓舞的教授（David Davenport、Paul Dourish、Gregory Abowd、Nancy Nersessian、Wendy Newstetter 和 Keith Edwards）、了不起的生意伙伴（İşbecer 兄弟），以及 Kloia 公司和 Expertera 公司在整个项目中的支持。

感谢 Zip，我亲爱的不停思考的思想家，感谢你的无尽支持。也感谢 Derin，感谢你为我们的生活带来的一切快乐。

C. Todd

与人合著一本书是一回事，能和同一个人再次合著一本书就是另一回事了。MC（Michael Connors），谢谢你又一次加入写作的冒险旅程。Aras，很高兴看到我们想法一致，并最终完成了这本书。与你们两位完成这本书让我成了更棒的人。

感谢我的朋友和家人，是他们一次次忍受了我"必须在周末完成一章"的事。致敬更伟大的产品管理社区：是你们激励着我们完成此类书籍，不断推动该领域的发展。我们打造的产品让这个世界变得更美好。谢谢你们！

Michael

很高兴与为本书做出贡献的所有人一起工作。非常感谢 C. Todd 和 Aras 邀请我加入。每一次的讨论和工作会议都很有趣，也很好玩，他们是我见过的最乐观、最有思想的人！还要感谢 O'Reilly 团队的专业指导和投入。也感谢所有的设计师、开发人员、在我职业生涯中共事过的其他项目合作者，以及伟大的设计社区，他们都在这些想法的成型与塑造中发挥了作用。

你了解消费者需要什么样的产品、功能或服务吗？

第 1 章

拥抱错误

几年前，C. Todd 在一家为学术研究实验室、大学、医院和制药公司提供产品的生物技术创业公司工作。这家初创公司想研发一种能从植物样本中提取 DNA 的产品，希望以此让公司的业务范围拓展到农业生物行业。于是他们打造了一个能在实验室环境下工作的产品原型，在当时，他认为这是了不起的一步，接着，他们启动了一个研究项目来探索其可行性。

研究团队前往欧洲的一些农业生物公司，了解该原型在现场的工作情况。现场运行良好，但研究团队发现，其中一家公司已经拥有一种"自制"的 DNA 提取方法，实施成本显著降低。尽管如此，该公司的高层领导者仍热衷于探索新产品的效果，以及能否取代他们自己的临时方法。经过近 8 个月的进一步原型设计迭代与测试，以及更多的欧洲之行，这家公司领导决定，虽然新产品的效果提高了 10 倍，但市场的消费者并不愿为此支付近 3 倍的价格。这款产品的努力付诸东流了。

该研究项目历时数月，耗资数万美元，却未提供任何产品对市场适应度的洞见。为什么花了这么长时间，却收获如此有限呢？因为 C. Todd 没有以正确的心态对待它。他不愿意接受市场调研显示出的对产品的微弱兴趣。后来他意识到，在削减项目前，他完全可以通过减少用户研究来节约时间和资金。他为什么没这样做呢？因为他（以及他的经理）希望做正确的事。他们违反了规则 1：他们没有做好出错的准备。

能产出洞见的调研有一些特性。首先，好的产品调研需要一种获取洞见的思维，一种不以正确为目标，只为向用户学习的心态。这种心态至关重要，因为在产品调研时，你会比你想象的更常犯错。好的产品调研始于一个深思熟虑的问题，这个问题来自你所关注的难题。这要求你使用正确的调研方法，与正确的参与者合作。产品调研是一种协作性的工作，你们一同完成调研，一同分析。你不必独自一人躲进房间里写报告，你需要一遍又一遍地同许多团队分享可执行的发现和可能的解决方案。

无论工作大小，所有成功的调研工作都遵循这个框架。遵循这一框架的团队会以快速的节奏获得洞见，并最终使调研成为打造伟大产品的一种习惯，这意味着他们需要习惯于远超他们习惯之外的犯错频率。然而，由于建立了正确的心态，他们可以接受这一点。

1.1 自负是产品调研的敌人

调研项目失败的原因之一是，调研人员一开始就采用了错误的思维方式：被自己的日程牵着鼻子走，而不是保持开放的态度。其中主要的原因是自负。

自负是优秀产品调研的敌人。我们认为自己知道应该打造怎样的产品，因为基于我们的经验和知识，我们知道客户需要什么样的产品、功能或服务。不是吗？

几年前，在线市场营销公司 Constant Contact 的客户咨询量增加，其中大部分来自小型企业。越来越多的致电者希望得到有关市场营销问题的答案，数据显示，移动设备的帮助页面与论坛访问量一度持续增长。于是客户成功部门的副总裁认为，Constant Contact 的用户并未得到想要的答案。

一名高层管理者想出了一个方法，将所有的知识内容打包成一款名为 Marketing Smarts 的移动应用。这个想法在公司内获得了支持（假如诚实一点来说，支持的部分原因可能是大家考虑到了反对高管的负面结果）。这名高管拨出超过 20 万美元打造这款应用，并推送至应用商店。幸运的是，这个想法并未得以实现。我们说"幸运"，是因为这家公司当时的心态是"建立产品规模"，这意味着新创立的创新团队——小型商业创新孵化组织（Small Business Innovation Loft）会来主导这个项目。该团队决定主导一场设计冲刺（design sprint），在用户中测试产品概念并观察用户的反应。他们发现，用户遇到问题时，通常使用的设备是台式计算机，所以他们根本用不着移动应用。创新团队在几小时内搭建的原型快速验证了移动应用的非必要性，并发现了潜在问题：用户帮助页面与论坛内容混乱，难以浏览，这才导致用户拿起电话，寻求帮助。Constant Contact 公司随后改进并重新发布了他们的帮助中心。

Constant Contact 的项目开启，源于一名高管以为他们有一个好主意。自负和部分相关数据使他们认为，这是解决当下问题的方法，而公司内其他人也想证明他们是对的。当看到用户的真实行为时，才发现真正的问题与解决方案。这是该公司需要思维转变的一个案例。Constant Contact 的小型商业创新孵化组织（Small Business Innovation Loft）大约存活了 3 年半，并在此期间帮助将产品调研的思维模式融入了公司。

你可能会认为，数据驱动下的团队一定是自负的。其实不然，在 20 世纪 70 年代中期，斯坦福大学的研究人员进行了一项研究，要求两组学生区分真假自杀遗言[注1]。他们给每组学生 25 对自杀遗言，每对均包含一条真遗言，一条假遗言。第一组学生仅从 25 对中正确识别出 10 对。值得一提的是，第二组正确猜出了 25 对中的 24 对。当然，这项研究是一个陷阱：研究人员谎报了学生正确识别出的遗言数量。接着，研究人员向学生们坦白，正确率是编造的，并询问学生如何看待自己在该任务中的表现。正确率达 24/25 的那组学生认为他们做得很好，而正确率低的那组认为，他们在现实中的表现可能同样糟糕。尽管知道结果是假的，但他们依然坚持之前的观点。知道真相并没有改变他们的观点，反而强化了他们的已有想法。

这在产品调研中说明什么？这意味着只要我们发现自己是"正确的"，哪怕只有一次，我们就会认为未来我们也会是"正确的"。挑战这种自我的思维模式是做好产品调研的一个关键。

那么，如果换个方式思考呢？假如，我们不再期望自己是对的，而认为自己会出错呢？假如我们试图犯错呢？每当我们反驳一个理论或信念时，都会找到更多证据证明我们是对的，因为我们知道这些过程是真实的。

此处的挑战在于，尽管你正在阅读本书，但你的老板、首席执行官或其他高层管理者可能并未读过这本书。整个团队都需要正确的产品调研思维。我们将在

注 1：Elizabeth Kolbert，"Why Facts Don't Change Our Minds," The New Yorker (February 20, 2017)，*https://www.newyorker.com/magazine/2017/02/27/why-facts-dont-change-ourminds.*

第 9 章详细讨论这个问题，届时我们将介绍如何使调研成为一种习惯，但此刻，挑战你自己的固有思维就足够了。

1.2 调研中的思维方式

接下来，我们将介绍三种会导致产品调研失败的特定思维方式，以及一种能带来好洞见的思维方式。在开始之前，请谨记一点：作为一个产品人，你需要关注这些。你可以花钱让人们做不想做的事，但很难花钱使人们关注某些事[注2]。产品调研需要用心和用脑，我们认为每个人都是理性的、有头脑的，其实不然（关于这一点，请阅读第 2 章）。人们是情绪化的、混乱的。如果你以开放的心态来看待这种不理智的可能与你最初观点大相径庭的想法，那么这会帮助你获得产品调研的成功。做好出错的准备，否则你将无法找到新发现。

1.2.1 交易式思维：我能怎样推销售卖它

C. Todd 是一家为制造商服务的数据平台 MachineMetrics 的产品副总裁，前段时间，他和团队成员拜访了一位用户，解决他们在产品上遇到的一些具体问题。当他开始准备讨论一个特定功能时，他听到团队成员询问用户，"假如你有了……会不会变好？"在这个故事中，功能细节无关紧要，重点是他的问题全在推销他个人的想法。他以"假如你有了……会不会变好？"开始，将一个可以收集惊喜洞见的机会变成了一个引导性的问题，而这个问题只能推进他个人的销售计划。

交易式思维考虑的都是如何成交，将思维限制于客户是否会购买产品上。举个例子，比如会问"你是否想要购买……？"或"假如你购买了……？"如果你认为这听起来更像推销而非调研，你是对的。交易式思维并未考虑用户流程上的细微差别，或复杂的用户需求。它仅停留在问题的表层，而通过深入调研，可能会证明这些思考是错误的。这种思维常出现在仅关注销售业绩的市场调研中，并且没什么帮助。

1.2.2 确认式思维：我的想法是否正确

确认式思维方式是指试图获得想要的答案。如果你干扰数据，数据就会体现你

注 2：Arlie Russell Hochschild 所著的 *The Managed Heart: Commercialization of Human Feeling* (University of California Press) 是一本有关该主题的好书。

想要的答案。这种思维的问题在于，它是在确认已有的想法或观点，而不是听取用户真正的心声。如果你正处于确认式思维模式，你可能会发现自己通常围绕正在负责的工作巧妙询问带有引导性的问题。这些问题带有一种被用户认可的潜在期待，用词反映了你个人的产品世界，而非用户所期待的产品。

举例来说，比如"针对新的多类型搜索过滤功能，你喜欢其中哪些部分？"这个问题包含了许多潜在的引导性。你为什么假设他们有在使用这些过滤功能？提到搜索过滤是新功能，你的动机是什么？你觉得他们之前听说过多类型这个词吗？如果用户其实根本不关注这些过滤功能，只是因为你暗示新的搜索过滤是不错的功能，而不得不说呢？[注3] 这种思维方式对于获取用户和产品相关的洞见是无用的。唯一有用的是，它营造了一个错误的舒适区，使你自我感觉良好。在基于用户认知和产品计划制定研发优先级的团队中，常见到这种思维方式。他们希望勾选"我们做过调研"这个选项后，就能基于自己的时间节点打造产品。

1.2.3 问题探寻式思维：我能怎样改进它

一些团队关注于发现待解决的问题。这些团队开展调研只是为了发现问题。他们将可用性研究看作驾照考试：答案只分正确和错误，参与的学生要么通过测试，要么失败。假如你也拥有这种问题探寻式思维，你会用一种敏锐的视角，观察参与者无法做到什么。这种寻找潜在问题的冲动使你在访谈中变得咄咄逼人，有时访谈甚至像审问。你认为参与者总在隐藏问题，而你要从中找到问题。只要持续追问"为什么？为什么？为什么？为什么？"，用户一定会给出有效的洞见。

这种思维对产品调研有什么作用？它仅关注问题本身。调研人员对参与者的经历并不感兴趣，调研只为了发现问题，即使有时并没有问题。它试图将复杂的用户交互简化为非黑即白。如此一来，问题过多而无法通过"测试"的产品，即使有一些好的特质，也可能会被放弃。相反，一款没什么问题的产品，即使市场匹配度很低，也可能被推向市场。

这种思维可能会导致轻微的自负。问题探寻式思维会认为，产品做得很糟糕，导致调研人员急切地想找到其中的问题。它认定当前团队做得不够好，需要

注3：我们跳过了一些内容，关于这个问题，更好的问法应当是"请告诉我们，你是如何在我们网站上进行搜索的？"或者"你对我们网站的搜索功能有什么看法？"

调研人员积极指导他们如何解决。这种"我能怎样改进它"包含了一种强烈的自我意识。

问题探寻式思维可能会在短期内带来快速的改善，但它专注于负面的东西，限制了学习，而且从长远来看，可能不利于协同工作。

1.2.4 正确的思维方式——洞察式思维：我想了解

我们谈到了关注于推动销售的团队、关注于验证想法是否正确的团队，以及关注于错误和改进方法的团队。还有第四种类型的团队，他们关注于学习。他们能认识到自己的假设和偏见，会尽力避免在调研中引导用户，并会审视自己是否过于自我。他们唯一的目标是了解用户。他们寻求了解用户好的和坏的经历、用户欣赏的和批评的想法，以及用户的建议和抱怨。当听到一些令用户不悦的意外情况时，他们会停下来倾听，给用户空间去表达他们自己的观点。这样的团队具有洞察式的思维。他们在产品调研方面会做得最出色。

洞察式思维关注产品好的以及不好的部分。调研人员保持思维开放，尽量不做评判，关注调研问题本身。与交易式思维不同，他们不会只关注用户的决策。与确认式思维不同，他们不引导参与者认可他们的产品功能。与问题探寻式思维不同，他们不急于解决眼下的问题。他们只想不带偏见地倾听和了解用户。

洞察式思维采取一种诊断性方法，以直达真正的问题。这种方法试图不带任何偏见地了解用户诉求，并给出一些开放性的问题，比如"请告诉我你上一次……"或"当……时，发生了什么？"这类问题主要体现过去发生的事情与决定，而不是假设性的未来情况。参与者可以讲述他们独特的个人观点，用他们的语言分享自己的经历。

一位经营投资孵化公司的朋友提到，在他见过的初创企业中，最成功的是那些运用诊断性方法来了解用户的团队。我们承认，在早期产品调研中，我们常以确认式思维进行调研。随着时间与经验的积累，我们才认识到所做的一切只是为了证明自己是对的，这使我们的产品越来越糟。

洞察式思维强调开放地看待错误，感兴趣的是探寻洞见，而非确认观点。当我们发现一些严重的产品问题时，甚至当这些问题来自你亲手打造的功能时，关注不同的角度，能使你保持头脑清醒。如果减少对产品问题的过度关注，那么你会看到产品的优势，这样也就知道改进产品时应保留哪些部分。保持思维开放，获取洞见，能使你的付出有所回报，也能减少结果带来的指责。

尽早犯错的价值

C. Todd 知道在产品研发早期犯错的价值。有一次，他需要解决一个忠诚度计划的问题，以及其与电子邮件营销的关系。当时 Constant Contact 公司的用户研究状况非常不好：他们有一个专职的用户体验部门，以及全职的用户体验研究人员。这些研究探索深入且周期漫长，往往需要 3～6 个月时间才能得到洞见。营销团队有大量数据需要整理，仅有一个小规模但不断壮大的数据科学家团队来进行分析。

时任产品高级副总裁的 Ken Surdan，要求新成立的创新团队组织一个跨职能团队，以开展用户忠诚度计划。

所以，C. Todd 和小团队组织了一场设计冲刺（design sprint）。他们花了大概一周时间准备和组织，一周时间进行设计冲刺，一周时间梳理最终结果，并与市场调研结合，继而归纳出哪些好的想法（如果有的话）应向前推进。结果，答案是否定的。

你可能认为他们浪费了 3 周时间！但请记住，这家公司已经花了 1 年时间试图确定解决方案，但都失败了。3 周的时间投入，使高层执行者明确了他们需要正式并最终终止这个项目。尽管我们很想描述这些努力所取得的巨大成功，但要知道，学会不去做什么也是一种成功。想象一下，假如 Constant Contact 公司投资了一个 8～10 人团队打造一款产品，3 个月后，除了少量的代码外，他们一无所获。相比而言，我们更愿意接受一个小团队 3 周时间的失败努力，而不是一个大团队 3 个月后的失败结果。

1.3 获得有效洞见的步骤

保持洞察式思维，对产品调研的效率和可执行性非常关键。但是，遵循一些通用步骤同样重要，这能确保获得洞见，而不会是一些随机的结论或信息确认。

一般来说，成功的产品调研包含 6 个基本步骤。

步骤 1：聚焦调研问题

产品调研的目的是尽快为产品开发找到可实施的洞见。因此，从一个问题开启调研很重要。一个独立且聚焦核心的问题定义了你的调研结构：你想获得哪些信息？找到一个问题并不难，有了它，就能保持调研过程的质量和重点。

步骤 2：确定调研方法与参与者

这一步需要定义调研方法以及调研的参与者。许多方法都可为你所用。但每种方法适用于不同的调研问题。例如，假如你的问题需要用有统计意义的数值数据进行解答，则应选择定量方法。假如你需要一些个人观点，则应选择定性方法。谨慎选择参与者，好的参与者会带给你好的洞见，这些有价值的信息会帮你找到问题的答案。

步骤 3：收集数据

你可能会感到诧异，收集信息的步骤如此靠后！基于调研问题和所选择的调研方法，这一步可能需要和参与者交谈，询问特定的问题，一起工作，观察他们使用产品的过程，或者分析用户的历史数据。

步骤 4：进行团队分析

从不同的角度分析，数据会变得更有意义。最好能和团队一起分析——不一定是你所在的团队，也可以是一群提供了不同甚至相左观点的人。这几乎是在试错最初的想法！让团队成员、其他团队的伙伴、利益相关者以及赞助方参与进来，可以推动短时间内产生更丰富的洞见。

步骤 5：分享结果

分享调研结果和前几步同样重要。由于需要花费不少精力，所以单独作为一步。可悲的是，一些团队前四步做得很好，但他们写的调研报告却无人阅读。分享调研结果是一个很好的机会，你可以分享调研故事，评估业务影响力，并通过原型展示你的建议。成功的产品调研团队不会只做一次分享，他们不断地分享，以便和所有被影响到的相关方进行充分的讨论。

步骤 6：计划下一轮

至此，研究还没结束！好的产品调研是会不断地通过市场及用户来获得信息的。一项研究引起另一项研究，探索新洞见的步履不停[4]。

注4：如果你对持续学习感兴趣，建议阅读 Teresa Torres 编写并独立出版的 *Continuous Product Discovery* 一书。

当你的调研技能不断提高时，以上这些调研大纲可能会有点变化，各步骤的时间花费也不同。你甚至可以完全跳过一些步骤（更多内容请阅读第9章）。但如果这是你第一次进行调研，我们认为，最好还是严格遵循这些步骤。

持续学习在实践中是怎样的？

产品调研是定量方法与定性方法的结合，实践顺序可以有一些变化（如图 1-1 所示）。为了强调这一点，我们来看一个关于两个团队调研周期的例子。两个团队的调研持续了很长一段时间，其中涉及几轮原型测试，甚至功能发布。在这个案例中，我们略过了一些细节和某些步骤，因为细节不是重点，重点是，两个团队都在进行持续学习。在你的实践中，步骤也可以有一些不同。

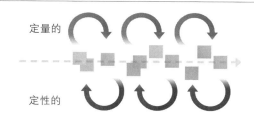

图 1-1：定量方法与定性方法的结合

示例 1：从定量数据开始

定量：收集销售数据。查看获取用户量 / 流失用户量以及原因，重点关注流失的主要原因。

定性：访谈潜在流失用户，以及类似的用户。

定量：基于从获取 / 流失原因分析和用户访谈中得到的洞见，进行产品调研，将用户反馈与行为进行对照分析。

定性：设计产品原型，以解决所发现的问题，并收集用户反馈。

定量：产品发布后，追踪用户行为数据以了解用户行为是否符合预期。

示例 2：从定性数据开始

定性：实地访问用户，或记录用户的一天。

定量：分析这些用户的产品使用数据。

定性：视频访谈用户。

定量：新机遇的市场分析。

定性：针对新的产品方向，设计产品原型。

关于定量与定性方法的实践，可以有无数种组合方式。可以从最近组织的一系列用户访谈着手，也可以从技术支持部门那里听到的一些类似的故事着手，还可以在你骑自行车时，边骑行边思考最近一次产品更新使用率未达预期的原因着手。重点是要开始，并持续下去！

1.4 小结

自负是产品调研的最大敌人。产品人员希望他们的预测是精准的，我们希望看到自己的想法实现。但这些都会蒙蔽双眼，阻碍我们了解用户真正的需求与动机。对错误保持开放态度是产品调研的关键，那些放下自我的团队，才能收获有效的洞见。

在产品调研工作中，某些时候难免会犯错，或早或晚。可能也不止一次犯错。容错的团队会在产品调研的迭代中越做越好，他们会倾听用户，而不会因想法落空而受到伤害。

1.5 真实案例：Zeplin 的创始人出错了

设计师不可能和工程师一样了解自己所设计的产品的每一个技术细节。

Pelin 是一名设计师，她非常在意那些能让软件拥有愉悦使用感的小细节：屏幕之间的切换效果，报错后的恢复步骤，呈现动效的时机，修正文字的基准线，对齐列表视图的图标，iOS 和 Android 系统保持一致的体验。她花了大量时间对设计进行组织和标注，然后花了几乎同等的时间和工程师一起查看这些细节，以便最终的代码实现能向用户精准传达她的设计意图。

她与 Berk 密切合作。Berk 也同样希望自己的代码能按照设计师的意图交付工作。但是，Pelin 和 Berk 发现，在这份分享给工程师的设计文档中，总会遗漏一些内容。Berk 认为 Pelin 的细节标注非常有用，但他总是需要更多信息才能进行开发工作。这常常使设计和开发陷入无休无止的反复沟通中。

为了解决这个问题，Pelin、Berk 以及另外两个创始人创立了 Zeplin，一个为设计师和工程师提供软件即服务（SaaS）的协作平台。他们确信自己正在解决一个痛点，但他们希望这个工具能满足更多的工作流程。于是 Pelin、Berk 和其他 Zeplin 员工与世界各地的设计师与工程师进行访谈，以了解他们之间的协作方式。他们只问两个问题："你如何在团队内分享设计？"以及"你如何与设计师（工程师）协作？"两周内，他们与 40 多位有着不同协作方式的设计师和工程师进行了交流。接着，他们坐下来，对协作方式进行分析。针对每一类协作，了解用户面临的挑战，以及除用户外，还有谁对此感到不悦。

这项调研否决了他们最初想法的一半！Zeplin 团队基于反馈，发布了他们的第 1 版产品，同时通过反馈表、测试程序和积极的客户成功团队持续倾听用户心声。朝着正确的方向，坚定地听取用户的实际需求，而非创始人的奇思妙想，使 Zeplin 成为设计师与工程师协作的行业标杆。

假如 Pelin 和 Berk 像很多创始人一样跳过调研环节，直接搭建产品，结果会怎样？他们可能会在第一个版本中获得类似的用户反馈。从调研入手，可以获得同样的反馈，但不必花费大量时间和精力搭建产品。有了重点和合作，他们可以快速梳理数据。因为他们遵循了规则 1，做好了犯错的准备，开放的研究过程否定了大部分的想法，但也为他们斩获新的、更好的想法开辟了空间。

1.6 要点总结

- 产品调研的基础是，对犯错保持开放态度。洞察式思维有助于获取信息及有效洞见。

- 好的产品调研包含 6 个步骤：聚焦调研问题，确定调研方法与参与者，收集数据，进行团队分析，分享结果，以及计划下一轮调研。

- 计划下一轮产品调研很关键。缺少这一环节，产品调研就有可能变成一次性的摆设。

- 产品调研是一项持续性工作，不同的调研周期，可采用不同类型的调研方式。

偏见是否会影响我们的预期，以至于产生有限或错误的洞见？

第 2 章

人人持有偏见，包括你

2016 年，Hope Gurion（现任职于 Fearless Product 公司）在 Beachbody 公司——一家拥有超 25 万健身教练的多级营销公司——担任产品负责人。当时，这家公司正在筹备自己的年度教练峰会，届时 5 万人将欢聚在田纳西州纳什维尔的一家体育馆内。这是产品团队与健身教练近距离互动的绝佳机会。当时，Hope 和她的团队正负责一款名为 Coach Office 的应用程序，这款应用可协助教练管理日常工作。

在此之前，Beachbody 针对这款应用程序仅集中调研了顶尖教练：其表现最优的 1%，大约 2500 人，他们在这家公司工作了很长时间，称得上是专家用户。他们完全掌握了产品，使用过程没有遇到任何问题，并能顺利完成工作。这让多年来了解这些顶尖教练的 Beachbody 高层管理者相信，这款软件一切都好。但其他 247 500 位教练呢？他们用得还顺畅吗？

此外，这款由第三方开发的应用并不支持智能手机。（要知道，那时已经是 2016 年了！）更糟的是，它也未提供使用数据的分析。内部团队无法了解具体的使用情况，所以只能借助顶尖教练的经验与反馈。他们对小部分用户有偏见，甚至不知道自己的想法有失偏颇。

是的，他们对自己的偏见毫不知晓。并且，我们很遗憾告诉你，你也是如此（我们也如此）。假如我们问你，你是否比其他人偏见更多，你大概会说"当然不是！"你不是一个有偏见的人，对吗？假如我们询问其他人同样的问题，我们可能会得到同样的回答。普林斯顿大学的心理学家 Emily Pronin 和她的同事发现，对于这个问题，每 660 个人中，大约有 1 人会回答"是"[注1]。说得更细一点，我们之中大概有 0.15%（不到五分之一）的人认为自己比一般人偏见性更强。普林斯顿的研究得出 2 个主要结论：大多数人对自己的偏见缺乏感知，以及大多数人认为周围人比自己更有偏见。我们识别他人偏见的能力是相当不错的。但我们觉察自我偏见的能力却是灾难性的。每个人都如此，是吗?

Hope 发现了调研中存在偏见，于是她和团队一同规划了新产品调研。她对产品进行了分析，获得了定性与定量的混合数据。她以这些数据为例来推动 Coach Office 的新版本，从而满足大部分 Beachbody 教练的需要。公司欣然接受并研发了一款新的应用程序。

发布测试版时，他们对 1000 名教练进行了首轮测试。这次测试发现了一个登录相关的问题，也验证了用户使用这款软件时会有许多跳出再返回产品的行为。在年度教练峰会上，Beachbody 发布并展示了升级版的应用程序，在座教练起立欢呼。Hope 旁观者的视角，使她能够发现偏见，并及时采取措施，为教练们带来了更佳的使用体验。

2.1 什么是偏见

偏见是我们大脑为了让事情更容易处理而采取的一种思维捷径，使我们更快得出结论和做出决定。

偏见可以是有益的。例如，与饼干和蛋糕相比，如果你更偏爱水果，那你的整体健康可能会因此受益。但偏见会存在一些潜在有害的偏见。有时，我们倾向于开展我们期望的调研，而不一定是我们应该调研的方向。跳出个人偏见的约束，才能提出最合适的调研问题。

此外，偏见也会使研究对象简单化，引导得出有限或颠倒错误的洞见。了解不同类型的偏见，在开始分析前学习识别它们，可以减少或消除偏见对调研带来的影响。

注 1：Emily Pronin et al., "People Claim Objectivity After Knowingly Using Biased Strategies," *Personality and Social Psychology Bulletin* 40, no. 6 (2014): 691–699, *http://psp.sagepub.com/content/early/2014/02/20/0146167214523476.*

神经领导力研究院（NeuroLeadership Institute；*https://neuroleadership.com*）定义了150种不同类型的偏见[注2]。我们不在这里一一列出（欢迎你了解更多）。不过，该研究机构已巧妙地将它们分为以下几种类型：

- 相似："和我相似的人，比其他人更优秀。"
- 权宜："如果感觉上它是对的，它一定是对的。"
- 经验："我的感知是客观准确的。"
- 距离："亲密胜过距离。"
- 安全："坏的角度比好的角度更有力。"

这些整体性分类能帮助确认偏见对你和产品调研效果的影响。毋庸置疑，产品调研中你肯定会表现出一些偏见。不幸的是，直至调研分析前，你可能一直都不会意识到这一点。实际上，如果你在计划阶段，在进行用户访谈或进行分析时发觉了自我的偏见，那你真的太幸运了！除此之外，调研参与者也会表现出一些偏见。

偏见的出现可能是有意识的，比如前面有人偏爱水果的例子，也可能是无意识的。有时偏见会以一些你完全没意识到的形式出现。

我们的设想是自我的舒适区，安全地带。要以开放的态度审视数据和自我经验。看它们到底想传达什么？在我们内心，设想一定成真或一定发生，即便没有依据或证据。设想不一定总是错的。一切调研都始于自以为的一些想法。而确定目标问题的关键在于，调研开始时诚实看待我们的设想，并测试影响调研的部分。有了设想，才能形成解决方案的有益假设。这些设想是我们大脑为了走捷径和节约脑力而产生的。然而，它们有时会阻碍调研结果。

让我们看一个 3×3 的点阵网格（如图 2-1 所示）。你的任务是，画 4 条或更少的直线来连接所有点。画每条线时，不可中途抬起笔或调转笔头方向。

注2：Matthew D. Lieberman et al., " Breaking Bias Updated: The SEEDS Model®, " *NeuroLeadership Journal* (November 24, 2015), *https://neuroleadership.com/portfolioitems/breaking-bias-updated-the-seeds-model-2.*

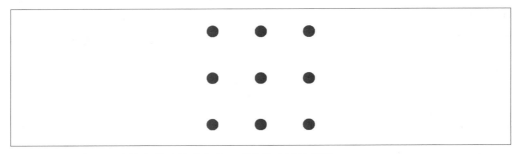

图 2-1：用 4 条或更少的直线连接这些点，不允许中途抬起笔

想好如何解题了吗？以下是答案（如图 2-2 所示）。

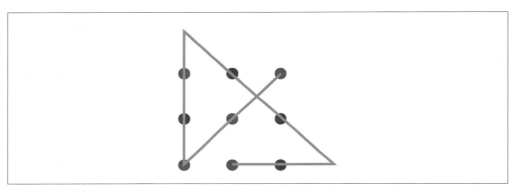

图 2-2：图 2-1 的谜题答案

要解开谜题，首先必须"跳出框框"，先在 3×3 网格的框定范围外画一条线。或许你认为不该打破框架，但实际上并没有什么边界，一切都是你的想象！如果你有一支巨大的签字笔，或许你能用一条短粗的线条连上所有点。你有设想过笔触的粗细吗？可能你考虑过，但在大脑的设想中（看出大脑做什么了吗？）你不会这么做。这说明你根本没有意识到你在框定想法。你会认定画线用的是一支普通的圆珠笔，虽然没错，但这么想就关上了通向另一条思路的大门。

我们看一个真实案例。2001 年初，一家以突破性发明而闻名的公司（如第一台药物输液泵和全地形轮椅）告诉媒体，它即将推出一款革命性的新型交通工具，它"对汽车的意义就如同汽车对马和马车的意义"[注3]。史蒂夫·乔布斯说，

注 3：Mark Wilson, "Segway, the Most Hyped Invention Since the Macintosh, Ends Production," Fast Company (June 23, 2020), *https://www.fastcompany.com/90517971/exclusive-segway-the-most-hyped-invention-since-the-macintosh-to-end-production.*

这项创造将与个人计算机的发明同等重要[注4]。它从著名硅谷投资者那里获得了3800万美元的投资。这个代号名为"Ginger"[注5]的项目将在《早安美国》(*Good Morning America*)节目中揭晓。它是什么？悬浮板？飞行汽车？瞬移传输装置？

它是赛格威平衡车。

赛格威是一种看起来很奇怪的以电池驱动的平衡车，没有座椅，续航能力约为15英里（相当于24km，如图2-3所示）。它重约70磅（32kg），价格约为5 000美元。它不仅没有对汽车工业产生威胁，且一般消费者也根本不感兴趣。该公司预计第一年就能售出10万辆赛格威。但直至2020年，只售出约13万辆。《时代周刊》最终将赛格威评为50项最糟糕的发明之一[注6]。

图2-3：赛格威平衡车

注4：Will Leitch, "The Segway Was Meant to Be Much More than a Sight Gag," The New York Times (June 26, 2020), *https://www.nytimes.com/2020/06/26/opinion/segway-technology.html.*

注5：Steve Kemper, "Steve Jobs and Jeff Bezos Meet 'Ginger,'" Working Knowledge (June 16, 2003), *https://hbswk.hbs.edu/archive/steve-jobs-and-jeff-bezos-meet-ginger.*

注6：Dan Fletcher, "The 50 Worst Inventions: Segway," Time (May 27, 2010), *http://content.time.com/time/specials/packages/article/0,28804,1991915_1991909_1991902,00.html.*

毫无疑问，赛格威是一款卓越的产品，但团队对市场接受度做了一些假设，根本没考虑市场是否会接受它。这款交通工具不属于任何一种标准化的交通工具类别。算机动车吗？还是自行车？如果机动车管理局要求使用者持有驾驶许可证，该怎么办？

从偏见的角度看，他们对技术发展更具偏见。对赛格威团队来说，显然用技术解决问题更有意思，因而对更广泛的社会环境熟视无睹。例如，汽车占据空间大，但制造一种更小型的交通工具不一定是解决问题的办法。他们可能会将这款工具带进当地的杂货店，但消费者一定会买吗？事实证明，消费者并不感兴趣。

为了帮助你识别偏见，我们将其归为三类：调研人员的偏见、外部偏见（那些源于参与者或其产生的数据的偏见），以及涉及两者的普遍性偏见。

2.1.1 调研人员的偏见

有些偏见是调研人员自己带来的。我们来看看几种最常见的类型。

观察者的期望偏见

你是否曾在开始某件事情时，对结局抱有一些期望？观察者的期望偏见说的就是这种情况。它是一种调研人员在调研中期望看到某种现象的倾向（属于偏见类型中的"权宜"类别）。产生的原因可能是事先对参与者群体有一些了解，对他们的行为方式产生了预期，或对所要调研的对象产生了一些主观感受。如果不审视自己的观察者期望，就有可能采用并不存在的"数据"来污染当前调研。这种情况的发生可能是因为在研究过程中无意影响了参与者，或者挑选了可证实之前假设的结果。你是否想象过一个用户群体比另一个群体更聪明？你的口头表达或非口头表达是否影响了参与者的行为方式？

确认性偏见

有时，你会下意识青睐于能证实你想法的数据（可参阅偏见类型中的"经验"类别）。这就是确认性偏见。如果你有一个非常确信的假设，或自认为已经找到了问题，你会倾向于可以证实这些的数据。这甚至意味着，你可能会下意识抛弃或怀疑与自己观点相悖，或证明它们有误的数据。即便你不认为自己会这么做，这也是一种非常普遍的无意识偏见，很难在调研中规避。

这种偏见和观察者的期望偏见是相辅相成的。观察者的期望偏见使你无法提出正确的问题，无法坦诚地倾听，而确认性偏见则使你无法以开放的态度进行分析。

归因错误

另一种将偏见引入调研的方式是通过归因错误。这是指毫无根据地将某些行为归因于参与者的特点或情境，且通常是错误的。人们倾向于将消极和不受欢迎的行为与他人的个人特点关联起来，而非他们自己。例如，你认为在交通道路中不给你让路的司机自私且粗鲁，而事实上他们可能出于某些合理的原因在赶时间。这些偏见在产品数据分析中时常出现。例如，假如一款饮食规划应用的用户留存率很低，你会把它归因于用户没有动力，或没有意愿减轻体重，但真实原因或许是推荐配方难以搜寻，食谱不够清晰易懂。

当你试图理解用户的行为及行为原因时，也要考虑用户个人特点与环境因素。这有助于避免归因错误，获得更广泛适用的洞见。

群体归因效应

另一种归因错误是群体归因效应。这是指将参与者与一个用户群体关联起来，然后认为群体中的人是同类的，参与者的行为全归因于这个群体。一个常见的例子是关于不同国家的：尽管法国有浓厚的美食文化，但并非每个法国人都是好厨子。再举个例子：即便一个人每周六天锻炼身体，也不能认定他们在吃蛋白粉或保健补充品。事实上，每当我们经历或目睹种族主义和类似的偏执行为时，都会看到群体归因效应。

当你试图了解参与者，并与其建立融洽的关系时，该效应就会产生。假如你的设想有误，之前努力建立的关系都将被破坏。

2.1.2 外部偏见

下一组分类是外部偏见，指源自参与者或其相关数据的偏见。

可用性偏见

可用性偏见（属于偏见类型中的"距离"类别）指，将关注点集中在最快和最易获得的数据或参与者上。其通常产生于调研问题与计划确定后，挑选参与者、数据和调研方法之时。你很有可能在产品表现不错的方向上这么做，甚至会产生一种问题确认的心态。针对某一特定功能，询问当前用户的感受或许很容易，但这样做不太可能获得促进产品增长的反馈。你应当抵制诱惑，不要只关注能收集的数据，或只和能轻易接触到的用户沟通，而要保持开放，以洞察式思维获得新收获。

有偏见的参与者：万事通

你一定曾与这样的用户交谈过。他们了解所有事情，过于急切地想要告诉你如何改进产品。那些最响亮的声音往往最先被听到，但不一定是唯一应关注的声音。不是要你忽略他们——从中可能收获重要的洞见！但也不要将他们视为整个用户群体的代表。用户对产品了解得越充分（他们越是专家用户），就越有可能提出过于复杂的反馈。虽有价值，但也仅代表了一小部分群体，而非主流的声音。

以牺牲普遍性用户的利益为代价，倾听专家用户的观点，会导致信息上的偏差，导致产品过度专业化。专家用户通常是早期用户，不能代表你的目标用户，当你开始搭建产品调研计划时，很容易掉入这个陷阱。

有偏见的参与者：现有用户

吸引新用户和留住现有用户看似有很大差异。现有用户可能想要一些诸如简化导航这样直接的功能，但吸引新用户需要用新颖独特的设计元素。产品调研中，我们很容易将重心放在改进当前用户的使用体验上，因为坦率地说，这能赚钱。但在专注产品增长时，要记住，不流失现有用户并不等于赢得了整个市场。

2.1.3 普遍性偏见

普遍性偏见产生于调研人员和参与者，并且影响着他们。

霍桑效应（观察者偏见）

优秀的调研人员知道，偏见不仅影响调研方法，也影响着参与者的态度与反应。

当参与者知道自己被观察时，他们的行为可能会改变。

一个经典案例是霍桑效应。1924 年至 1932 年期间，调研人员调研了一家位于伊利诺伊州的生产电气设备的工厂——霍桑工厂（见图 2-4）。他们想知道工作条件对生产力的影响。工人被分为两组：相同照明条件下工作的对照组，以及更明亮的灯光下工作的实验组。当他们增加光照亮度时，工人生产力也跟着提升了。但令人惊讶的是，参与调研的所有分组的生产力都有所提升——光照强度没有增加的对照组亦是如此。

图 2-4：霍桑工厂

这很令人困惑。生产力的提升显然不是由于照明条件。其中一名调研人员 Elton Mayo 认为，生产力的提升是因为参与者知道他们正在被调研——换句话说，被注视和观察着。工人们相信这些改变会改善他们的表现，在注视作用的刺激下，他们在单调的岗位上更加努力地工作。仅知道被人关注，就会改变日常行为。霍桑效应在可用性研究中十分普遍，参与者可能会知道自己被观察而改变产品的使用行为。

社会期许偏见

你的出现，除了影响参与者的任务表现，对调研的其他方面有影响吗？社会期许偏见是指，参与者倾向于给出他们认为大众可普遍接受的答案。参与者会害怕被批判而避免诚实地回答，或担心某些行为恐难被社会接受而抑制自己的习惯性行为。例如，工人一边忽视安全防范措施，一边夸大安全对他们的重要性。新手用户刻意查看产品的高级功能，以掩饰他们对软件的不熟悉。

回忆偏见

四种常见的回忆偏见会影响我们的记忆。第一，系列位置效应：人们对谈话中的第一件和最后一件事记得最清楚，其他部分则不然。第二，锚定效应：人们更为重视听到的第一件事，并将其视为评估后续每件事的参考标准。第三，雷斯多夫（Restorff）效应：人们对特别的部分印象深刻。第四，峰终定律：人们在回忆事情时，只能记住最不同凡响的部分以及结尾部分。

回忆偏见说明，参与者无法分享整段经历是因为他们会遗忘部分片段，补全记忆空白时，又会产生偏见。此外，你也不能完全记住全部内容。做笔记有一些帮助，但由于锚定效应，你可能会把听到的第一件趣事当作其他内容的参考。或由于雷斯多夫效应，某处特别的细节令你吃惊，以至于错过了其他重要细节。

2.1.4 如何应对这些偏见

以上讨论的这些偏见都源自丰富的个人经历，以及我们不断构筑的内心世界。我们希望有一种方法能消除那些我们产生偏见的因素。了解和识别各种类型的偏见，是免受偏见影响的第一步。以下一些方法可防止偏见对研究数据造成曲解。

仔细自我审视

试着进行一次有益的自我批判。在调研计划制定时、执行时和得到分析时，审视自己的动机、想法与设想。参与者确认你的问题是否只是为了取悦你？有何证据表明他们的回应与行为是发自内心的？是否存在一些会影响参与者行为的因素？

无论是制定计划、执行计划还是分析结果，首先要确定自己没有处于一种确认式思维中（详见第 1 章）。将你的设想写下来，客观呈现出来，与你的研究搭档进行讨论，使你们都知晓这些想法的存在。

与参与者沟通前，审视你的想法和观点。是否会对参与者持有观察者偏见？是否会期望他们做出某种方式的回应（查阅第 5 章和第 6 章，了解访谈前准备的小技巧）？

找到独立视角

正如前面 Hope 案例所展示的，当你用全新的视角看问题时，往往能发觉并指出一些近距离观察者忽略的偏见。例如，波士顿咨询公司（BCG）采用的一种方式是，在产品研发的初始阶段访谈中小企业（详见本书 2.3 节）。

警惕偏见

在调研期间，记录你可能产生了偏见的情况。请也帮你的搭档记录。事后复盘这些情况，可增强防范偏见的意识。

注意沟通方式

你是如何同用户对话的？提问的形式是什么？是否有使用你的语言与措辞引导用户？和参与者沟通的方式是他们以何种形式回应问题的关键。（我们将在第 5 章进一步讨论这个话题。）

2.2 假设：什么是你自以为知晓的

如第 1 章所述，一旦参与者被问题误导，产品调研就是失败的。这可能是因为调研人员有一些潜在计划，不真实的想法，自我的诉求，或其他因素。我们已知和我们认为我们已知，两者是有区别的。你认为已知的是什么？你怎么确定真的已知？比如这些假设：他们让人又爱又恨。赛格威团队认为，市场会接纳这款他们正在研发的个人交通工具，与此同时，也会受到观察者的期望偏见和确认性偏见的双重阻碍。他们认为人们看到后会赞叹，"太棒了，我现在就要买一辆！"他们试图解决"最后一公里"的问题：公共交通能帮助"走完"抵达目的地前的大部分路程，但对于最后一公里，很少有工具能替代汽车或摩托车，至少在美国的绝大部分地区是如此。在更广泛的社会层面上，交通问题和汽车文化问题仍待解决。赛格威并非这些问题的最终方案。

思考一下，我们在产品研发阶段提出的各种假设背后的原因。伍斯特理工学院的 David Brown 教授列举了一些产品设计研发中假设背后的原因，如表 2-1 所示[注7]。

注 7：David C. Brown, " Assumptions in Design and in Design Rationale " (2006), *http://web.cs.wpi. edu/~dcb/Papers/DCC06-DR-wkshp.pdf.*

有一些方法可以减轻假设的影响。你无法消除假设，但可以关注对调研十分关键的假设。首先，要确定自己制定了哪些假设。有些假设可能不太明显。确定假设，就像马拉松前的准备训练一样。你不会在初步训练计划中制定 20 公里的长跑练习，1 公里的慢跑可能更合适。

如同循序渐进训练身体一样，你可以训练自己和团队以更准确地识别假设。识别假设的一种方法是，定义问题并提出问题。接着确定哪些是"正确的"问题，以及为什么。和团队做一个小练习：观察任何一种产品。它可以是椅子、会议室桌子，也可以是手机上的一款应用程序。拿出一些便利贴或使用"虚拟白板"，记录你能想到的每一条假设。以你所坐的椅子为例。为什么椅子有扶手？如果只有一个扶手，原因会是什么？如果椅子有轮子，地板是否足够光滑可以使轮子顺畅地滚动？椅子尺寸是多少？这把椅子适合"普通"成年人吗？还适合哪些人群？

美敦力公司（Medtronic）的设计师 Craig Launcher 称这个过程为假设风暴。在医疗设备行业，如果你做了错误的假设，将可能危及他人生命。因此在产品设计开发时，团队会花几天时间针对一个问题领域进行假设风暴，对当前情况进行更全面的掌控。

表 2-1：假设背后的常见原因

原因	举例
你缺乏知识	你不知道消费者为何放弃购物车中的商品，你认为是因为他们看到了最终价格
你想简化问题	你认为所有使用该软件的用户使用的都是最新款的苹果手机
你想使问题标准化	你认为复制之前项目中的实践以及方案（或者结构或标准）同样可行
你想解决一个通用性问题，而不是一个针对性问题	你认为左撇子用户与右撇子用户没什么不同
不同的工具会推动产生不同的假设	画草图时，你的想法可能更抽象，可能会产生一些视觉效果方面的假设。流程图是非常流程导向且独立的，因此你会产生一些决策相关的假设。设计原型图会体现更多细节，更关注界面元素，因此你的设想可能会涉及视觉方面。不同的思维方式，会使关注点的角度不同
你受到了文化压力的影响	你会考虑最新的趋势。还记得拟物化吗？（如果不记得就太好了！）它是苹果公司在 2007 年中期众多设计上采用的一种设计美学趋势，模拟真实物品的样子

表 2-1：假设背后的常见原因（续）

原因	举例
你掉入了专家性自负的陷阱	你认为你没有设定任何假设
项目需求是模糊的	你不确定设计所针对的对象是谁，需求中也没有提及，所以你认为你无须考虑针对听障或视障用户的无障碍方案
你遵循规则、规范与惯例	你学习了用户体验规则，即"流程中每增加一步，就会提高用户流失率"，你认为在你的案例中，这是真实存在的
你已经产生了期待	由于你期望得到某种结果，然后你在数据中寻找并获得了该结果（确认性偏见）
你想要打破常规	你觉得需要以不同的方式做事，所以你认为即使需求中没有提及，做事方式也一定要不一样
你认为这些是日常普遍的	你认为建筑空间内的空气是由氧气、二氧化碳和氮气组成的混合气体，用以支撑人类的呼吸，因而不会多想

我们继续以赛格威为例。当前的问题是，对于最后一英里，除了汽车或摩托车外，人们没有其他更好的选择。我们可以就该情况提出一系列问题。可选的交通方式有哪些？每个人都有机会乘坐吗？人们能否负担得起？人们是否有乘坐意愿？每种工具的安全性如何？它们对环境的影响是什么？（还可以继续提问下去，但先适可而止吧！）

每个问题本质上都是一种变相的假设：

可选的交通方式有哪些？

假设交通方式有公共交通（公交车、火车、出租车），以及汽车和摩托车。

每个人都有机会乘坐吗？

假设所有人都可乘坐它们。

人们能否负担得起？

假设部分人群是赛格威的目标用户，并且他们有能力购买。

人们（目标群体）是否有乘坐意愿？

市场接受度假设：目标群体想要购买赛格威。

每种工具的安全性如何？

假设赛格威与摩托车类似，需要采取适当的安全措施。

监管机构将如何归类这些交通工具？

假设赛格威将被定义为摩托车的一种。

基于这些，我们可以将假设归类：市场需求相关、监管相关、价格相关等。在启动"假设风暴"创造假设和问题之前，我们可以先构建一套分类。

然后，以某种维度对假设进行打分。建议以风险程度开始：如果假设错误，会造成什么影响？一切都将毫无意义，还是影响微乎其微？赛格威的设计师通过产品研发证明了技术假设的正确性，但对于市场接受度的假设，直至研发几近完成，都没有进行验证，非常冒险。"你盖好了，他们就会来"（If you build it, they will come）在电影中可行，在产品中可不一定。

当识别出最有风险的假设时，需要不断验真或证伪假设，找到降低风险的办法。怎么做呢？通过调研！产品调研并非要测试一切内容。可以从原则性和模式化的假设开始，不用重复造车。这个过程中，需要识别一些含无意识偏见的假设。由于这类假设中存在你的偏见，所以不够明显。

第 3 章将着重介绍如何在关键调研问题中加入假设与偏见。

2.3 真实案例：主题专家访谈

减少偏见的方法之一是引入专家。当然，专家也有偏见，但他们对某些方面有深入的见解。权衡之下，还是值得的。BCG（波士顿咨询公司）的产品研发人员采用了与典型 SaaS 公司略有不同的开发方式。BCG 是一家拥有各领域专家的大企业。既然如此，调研人员为什么不调研他们呢？一名 BCG 的产品经理 Iuliia Artemenko 说，当 BCG 研发一款产品时，除市场调研外，他们也会访谈内部专家。除了专家深厚的领域知识外，还有什么方法能对定义问题有所帮助呢？这个时候，团队会启动产品原型的用户测试。这样，就能同真实用户一起定义最初的产品方向，并将用户反馈纳入产品研发。发布新产品或新功能时，在真实用户中验证，有助于降低内部专家偏见带来的影响。

2.4 要点总结

- 每个人都有偏见。偏见可以表现为有意识的偏见，或者无意识的假设，它们能左右调研结果。

- 避免仅因为某些用户好接触，是专家，或对产品很忠诚等因素，而将一组特殊的用户群体作为调研对象。

- 可以设置假设，但要明确假设的内容及目的。

- 分析假设。我们自以为的已知和实际上真的已知是有区别的。

你的调研是否陷入了模糊茫然，掉入了产出或方法的陷阱？

第 3 章

好的洞见始于一个问题

Daniel Elizalde 的新工作是担任爱立信电信公司的副总裁兼物联网（IoT）负责人，负责打造并实现端到端的物联网营销解决方案。他从麦肯锡（McKinsey & Company）、国际数据（IDC）、高德纳咨询（Gartner）等汲取市场情报。基于市场报告，他的初步计划是以"工业 4.0"振兴制造业，将自动化与数字化带入传统制造领域。为了找到许多问题的答案，Daniel 不得不开展一些产品调研。

调研对爱立信和 Daniel 而言，有着截然不同的含义。Daniel 的工作一直是产品管理方向。而在爱立信，调研意味着技术研发，例如，当我们写这本书时，爱立信正在将 5G 产品推向市场，他们的研究团队正针对下一代网络技术（可以称之为"6G"[1]）进行技术研发。与技术研究相比，产品调研的目标是验证产品的可行性、可用性和接受度。

许多产品都可以使用 5G 技术框架——但可以使用不等于应当使用。那么，Daniel 要从哪里入手？选择什么方向？

Daniel 及其团队需要一个明确的研究问题（或一组问题）。他们从一个宽泛的问题入手：我们要对制造业的哪些方面有更多了解？麦肯锡的初步报告指出，预测性维护是物联网产品一个可能的增长领域，于是团队有了更多思考。"具体来说，谁会遇到这个问题？涉及哪些垂直行业？什么场景下会遇到？当前解决方

注 1： Ryan Daws, "Nokia, Ericsson, and SK Telecom Collaborate on 6G Research," Telecoms Tech News (June 17, 2019), *https://telecomstechnews.com/news/2019/jun/17/nokia-ericsson-sktelecom-6g-research.*

案存在哪些限制？"这些初步问题帮助他们厘清思路，推进产品调研。但面对如此多的问题，团队应重点关注哪些呢？这也是一个清晰的研究问题能推动产生洞见的原因。

3.1 什么是洞见

让我们从结果入手：调研中，我们探寻的目标是什么？洞见（insight）是探索到的，使我们以不同角度看待一种情况的信息精华。它是一种对用户群体行为与心理的观察。简而言之，它就像被揭示的一个秘密。

你是否曾在获得某些信息后这样回应："啊，我都不知道！"这就是一种洞见。它可能是别人告诉你的，或是自己发现的。我们看一个简单的例子：C. Todd 第一次养狗时，每当有人来到他家门前，狗就会大声吠叫，甚至当他们进门后，狗也难以安静一会儿。尽管他试图让狗安静下来，但结果却毫无作用。之后有人告诉他，狗是群居动物，吠叫是一种在陌生人靠近时提醒同伴的本能行为。此外，狗能通过关联性进行学习 [官方术语称经典条件反射（classical conditioning）注2，其中一项有名的实验是"巴普洛夫的狗"]。当朋友或家庭成员到来时，如果你感到兴奋，那么狗或许也会感到兴奋！这两点信息就是洞见：1）狗是群居动物，会提醒你注意新来的人；2）它们通过关联性进行学习（即条件反射）。由于洞见，你的思考视角会产生改变。产品洞见也是类似的：你发现了一些信息，它们使你了解用户行为及需求。但在得出洞见前，你必须从问题入手。

我们再看一个真实的产品案例：MM（MachineMetrics）公司的仪表操作盘是一个安插在工厂机器旁的平板电脑。屏幕上显示机器运转情况的数据及信息。如果进度良好，屏幕显示绿色，如果进度落后，根据落后程度，屏幕会显示橙色或红色。这种设计选择的最初意图是方便工人们从远处了解机器的运转情况。如果你在工厂待过，你就会发现，设备之间的距离相当远，这种设计对远距离的可视性非常有效。组织产品调研后，MM 团队发现，红色屏幕会对机器操作人员的情绪产生强烈影响，打击他们的积极性，使他们不再努力让机器回归正常。进一步调研后发现，情况确实如此，当屏幕保持绿色，操作人员会更加

注 2："Classical Conditioning," Wikipedia, *https://en.wikipedia.org/wiki/Classical_conditioning.*

努力使机器保持进度！团队在重新设计界面时考虑了这种情况。MM 团队最初定义的调研问题是，机器操作人员在日常工作中如何使用平板电脑上的信息及数据。

3.2 不以问题为导向的调研未免太过简单

漫无目的开展调研是非常简单的。刚接触产品调研的团队经常落入这个陷阱。他们激动地想了解产品的接受度，他们查看数据，询问用户，展示想法——一切毫无重点。关于这一点，有三类常见的陷阱：毫无重点开展调研；以结果产出为导向开展调研；以调研方法为导向开展调研。

3.2.1 模糊陷阱：我们需要全面了解

新手团队认为，他们首先需要全面了解情况。于是对用户进行了"全面体检"（general check），在产品使用、品牌感知、个人经历、功能建议等方面，对用户进行狂轰滥炸式提问。结果收获了大量信息，但也许只有少数有价值的洞见能对产品有所助力。由于问题过多，收集的数据难以快速提炼转化成可执行的结论——但产品调研的目的就是想要获得结论。

"全面体检"的目标太模糊了。我们以净推荐值（Net Promoter Score，NPS）为例。净推荐值（NPS）是指用户对自己向好友推荐该产品的意愿程度的评分。对企业来说，NPS 测试非常重要，通过一个数字，就能知道用户对产品的忠诚度。它们甚至被称为最重要的用户指标[注3]。但它们真的能还原用户真实想法吗？我们碰过壁：其实不能。C. Todd 在评估一款产品时，他给出的 NPS 是 90 分。这说明产品很出色，可不幸的是，增长数据的答案相反。多数情况下，NPS 分数没什么用，并且极端情况下，还可能造成有害的误导。

这类调研的另一个问题是，人类对自我行为的预测非常糟糕。用户说自己愿意推荐，实际真的会这么做吗？他们这么做可能是因为有朋友在这家公司工作，或被问到了这样的问题。他们有某种需要回应的动机，比如为了优惠券或奖励。这种行为无法说明用户对产品的忠诚度。好的调研问题聚焦于特别分数背后的

注 3：Frederick F. Reichheld, " The One Number You Need to Grow," *Harvard Business Review* (December 2003), *https://hbr.org/2003/12/the-one-number-you-need-to-grow.*

原因，而不是分数本身。如果一个数字就能代表用户体验该多好，但没有一个数字能够胜任。

想了解用户的方方面面，说明你很关注这些，这很好！但聚焦核心、循序渐进，会是一种更好的调研实践方式。

3.2.2 产出陷阱：我们需要用户画像

一家零售公司找到 Aras，希望提升设计与产品团队调研的影响力。他们分享了一个特别令人沮丧的例子，并想知道如何能做得更好：不久前，该公司招聘了一位调研人员来推动团队的调研工作。这位调研人员很有干劲，但团队内没有任何他在之前岗位上习惯使用的调研材料，他有点失望。他觉得，如果不了解用户的端到端体验，就无法做好设计。于是，他为每人制定了一个建立一份详尽用户旅程地图的目标。几个月的时间，他查看使用数据，向业务负责人了解业务流程，与用户访谈以了解使用体验。然后，他和设计师花了几个星期将庞大的数据信息详细绘制在一张海报上。由于细节太多，这张用绘图机打印出来的庞大海报，被非常自豪地抬进办公室，挂在墙上。

但接下来，什么都没有改变。设计与产品团队为此感到困惑不解，这么庞大的改进，这么出色的工作，为什么没有变化呢？他们认识到，通过用户访谈与业务分析，的确梳理了大量问题，但光鲜闪耀地悬挂在墙上并不能真正为用户带来更好的体验。整个过程都是浪费时间。

你抓住其中的问题了吗？看似调研人员以问题入手，了解用户端到端体验。实际呢？他以结果为导向，希望产出一张用户旅程地图。结果就只得到了这些，仅此而已。

新手团队常落入以产出为导向的陷阱。我们很容易打开 Medium 网站，读到一篇有关用户画像的文章，并感叹"天哪，这就是我们需要的东西！"。但最好后退几步，仔细想想，我们为什么需要用户画像（或用户旅程地图，或其他什么闪亮的产出）。是因为最近的计划有变？对某种特定的用户行为，或特殊的发展方向感兴趣？还是计划在某一领域探索新的商业机会？考虑结果之前，先关注问题，才会产出更好的洞见。

3.2.3 方法陷阱：我们需要做调研吗

和以产出为导向的陷阱类似，你可能倾向于以方法而非问题来开启调研。你可能会说："我们应该做调研——为什么不呢？因为所有以用户为中心的公司都做调研！"然后，你再试图确定研究哪些问题。这是一种落后的调研方式。从调研中有所收获的团队，首先会决定他们想要了解什么，然后决定使用什么方法。

聚焦于一个小而明确的问题非常重要。这使得调研重点明确。你可以结合产品数据、竞品比较、市场机会点以及最佳实践来构建问题，并定义一个单一且明确的问题。

从一个明确的问题开始，可以更容易看到重点是什么。一个定制化的问题，能使所有人聚焦于共同的问题上，而不会被周围因素干扰。当然，这并不阻碍你在调研过程中捕捉可能观察到的其他问题，但它确实有助于将这些问题从后续环节中剥离出来。这样，我们可以真正了解最初想要解决的问题的答案。

那么，如何知道要问什么呢？如何将所有信息提炼成一个简单的调研问题呢？

3.3 从直觉到调研问题

你的调研可能开始于一种直觉，比如那些令你对产品感到不安的因素。实际上，3.2 节谈到的反面案例都涉及主观直觉。产出没有价值，是因为调研只停留在了直觉层面。

若要组织成功的产品调研，你需要在假设或设想的基础上进行，并找到一个问题。调研问题是一个单一且重点突出的、可以引导调研过程的问题。可以通过不同视角审视你的直觉，找到一些潜在的问题，并从中制定一个调研问题来研究这些感兴趣的领域。有时，一些问题的细化会得到非常有趣的问题和多种角度的调研问题。这是让人很喜悦的。我们将在本章末尾介绍如何专注于一个问题，并在第 9 章介绍如何处理其他一些调研问题。（剧透一下：这些问题将成为后续调研的补给！）

3.3.1 从直觉到问题

从直觉到问题，需要将直觉看作一个问题。比如，你想要探索的领域是什么？这样做可以增加更多上下文，并能区分开与特定情景相关及不相关的问题，也能强化重点。当你产生一种直觉时，可以用新闻学的经典问题结构将它梳理成一个问题。

谁

你想要了解哪类人群？你的直觉是一个关于该群体的问题吗？你怎么知道对他们来说是一个问题？他们认为这是一个问题吗？

什么

你的直觉源自什么？促使你探索该领域的因素是什么？你已经收集了哪些信息？还缺少哪些信息？

为什么

为什么这个问题值得探索？它对用户的影响是什么？意义有多大？你现在为什么关注这个问题？

什么地点

你在哪里看到了这个问题？它本质上属于什么问题，存在哪些上下文信息？

什么时间

这个问题是何时产生的？出现频率如何？在这个频率中是否有例外？用户体验是否会随着产品的使用而改变？

如何

你如何产生了这个想法？它是否表现为一种困扰或是开心的时刻？用户在不同渠道对它的感知是否不同？

这些问题可以完善想法，揭示潜在问题。为了进一步定义问题，你可以从三个不同角度审视问题：使用视角、商业视角和专家视角。

使用视角

知道用户如何使用产品时，你能更好了解当前问题和潜在机会点。你可以挖掘用户面临的问题，将用户行为与观点融入调研中。

商业视角

产品管理是一个复杂的范畴，其目标之一是保持财务增长。提供好的体验需要投入资金，但好的体验也能带来巨大回报。从商业角度看待问题，能使你明确什么是对未来增长更有价值的方向。

专家视角

行业领头人、学者、企业内部专家以及他们创造的相关资源能帮助你深入理解自己的问题，并专注于最有价值的部分。你不能编造可用性规则、营销标准或市场趋势，你可以从当前已有的资源着手。

如图 3-1 所示，站在这些角度思考并非一个线性过程。对于一些问题，你需要完全跳过它们。针对另外一些，你或许会使用三种角度思考。有时，你会选择一种角度，深入研究。怎么做取决于你想了解什么，每一轮调研的做法都可以不同。

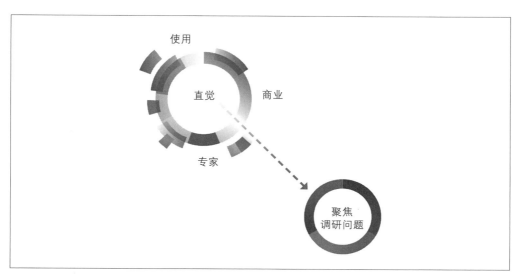

图 3-1: 从直觉到调研问题的三种视角

3.3.2 从问题到调研问题

在产品调研中，专注于一个问题也是很重要的，能使调研更加精细化。如何问和问什么同样重要。这也是定义调研问题的方法如此重要的原因。一个好的调研问题含有三种重要特质：

有重点且细致

在调研人员的精心选择下，调研问题含有非常具体的重点。请注意，你的问题可以很宽泛，但要极有重点。例如，"低收入社区要如何应对新冠风险？"虽然问题范围非常大，但又是有重点的。它定义出一个具体的用户群体（低收入社区人群），一种具体行为（应对策略），一个想要探索的具体主题（新冠风险），以及一个具体问题（如何应对，而非为何应对）。

开放

调研问题不是一种"是或否类型"的问题。还记得洞察式思维吗？产品调研是一种开放式的探索过程。开放式的问题允许参与者分享一些你从未设想过的经历，也允许你在出现一些有趣时刻时询问问题。

无偏见

调研问题是无引导性、无偏见的。它没有隐藏的目的，也不是为了获得自己想要的答案。

得到什么样的答案，取决于如何定义问题。将问题转化为调研问题时，必须去除潜在的偏见。这一步很关键，它将调研引向一个具体的方向，如果问题存在缺陷，你就可能迷失方向。

还要明确区分的是，调研问题与访谈问题不同。调研问题是整个调研中最广泛、最核心的主题。访谈问题（interview question）是访谈期间诸多问题中的一个。或许没有询问任何访谈问题，也能给出调研问题的答案（详见第 4 章）。当你在访谈用户时，不要直接向用户抛出调研问题。

总之，一个好的调研问题产生于你所已知的信息，而非你的假设。我们可以基于已知信息缩小重点，并确定一个能带来有效洞见的问题。无须面面俱到，专注真正想要了解的方向即可。

为了说明不同视角如何有助于完善问题，我们举一个贯穿本章的例子。假设你是一家电商网站团队中的一员。你觉得网站的结算页面太过时了。要注意，这可能不是一个真实的用户问题。除非用户使劲抱怨该页面过时的外观与体验，否则这对你来说是问题，对用户却不是。大量潜在的问题会使你产生这种想法，比如该页面可能出现过无数次事故，购买流程中的一些步骤让你夜不能寐，但用户可能不会注意这些。从三种不同视角看问题，可以审视你的想法，帮你找到一个立足于真实情况，值得花时间解决的问题。

3.4 使用视角

事件追踪收集的使用数据与用户反馈，有助于确定问题结构，形成合适的调研问题。本节讨论的大部分数据都可以当即收集。假如你从事数字化产品的工作，数据分析工具将是一个好的着力点。数据或许无法告诉你行为产生的原因，但至少可以告诉你发生了什么。

3.4.1 事件追踪

了解用户如何使用产品或服务的一个切入点是，观察他们如何与之互动。收集数据的一种方式是捕捉用户在产品或网站上操作时留下的行为痕迹。这些行为被称作事件（event）：一次按钮点击，一次滚动，一次拖曳，一次鼠标悬停。记录这些事件被称作事件追踪（event tracking）。观察行为踪迹可以得到有价值的信息，引出有效的调研问题。这有点类似于使用分析或遥测技术在雪地里追踪脚步。Google Analytics、Pendo、Heap 或 Amplitude 等都是行为追踪工具。

当追踪用户行为时，可以为他们创造更好的产品，因为知道事件随时间变化的模式时，你可以看到用户如何流经应用程序或服务。这可以帮助你改善产品中可能存在问题的地方。

虽然查看系统日志或创建报告可以分析事件，但使用分析工具往往简单且省力。例如，几年前，当 Roger Maranon 刚担任波士顿初创公司 Paperless Parts 的产品经理时，他忽略了对产品行为数据进行工具化分析，这让设计师非常生气。直至他和工程团队都厌倦了 SQL 查询的分析方法时，才最终添加了产品分析工具，以了解用户交互的过程。他认为非常受欢迎的功能并不像他想象的那样受欢迎。这些让他明白如何更好地规划关注点。

事件追踪不只是记录点击事件，还能追踪更多行为与数据，基于这些，可勾勒出一张用户行为的全景图。下面有一些示例。

点击与交互

衡量了人们点击某种元素的次数是最常见的事件追踪。一些工具平台也提供停留数据（dwell data），追踪人们在页面某些部分鼠标指针停滞的时长。

注册、登录与表单提交

指用户在网站上输入信息并点击提交的表单操作。无论是注册、登录还是离开，你都可以追踪用户填写表单信息的行为。

下载

指用户从网站下载的文件。它们可能是 CSV 文件、PDF 文件、GIF 文件或其他能离线使用的文件。追踪下载是了解用户行为的基础。一些平台能追踪用户下载后的行为，提供额外的使用信息。

内嵌组件

如果你的产品网站内嵌了各类小工具或组件，比如评价工具、反馈弹窗、更多视频推荐弹窗、日历查阅或投票器、社交软件分享或者其他任何第三方组件，那么你可以追踪其使用情况，了解用户如何使用以及哪些工具最受欢迎。

视频

如果你的网站涉及视频功能，那么视频托管平台可提供相关的使用数据。如何将视频数据与用户行为数据关联起来呢？通过记录视频中"播放""暂停"和"停止"按钮的操作，可以识别访客是否看完了整段视频，或是在页面中滚动浏览，或是只观看了视频前几秒。这些行为是很不同的。如果视频是产品的重要部分，那么了解这些行为的差异就很重要。

滚动

如果想整体了解并分析用户在网站页面滚动的位置，可使用事件追踪。Medium 等内容平台可为你提供这类数据信息。当用户将页面滚至底部而非仅打开页面时，平台会将文章算作已读。当然，这里的假设是向下滚动页面意味着用户阅读了文章——但据我们所知，真实情况并不一定如此。

漏斗分析／流程分析

或许你会想了解用户使用产品时的每一步操作路径。其中有些路径特别重要，例如，从产品详情页到购物车页，再到结算页的路径。这类路径被称为漏斗（funnel）。分析不同的漏斗与过程中的事件，可以了解用户在漏斗中的移动行为，继而获得一些洞见。

用户留存

用户离开网站的行为数据，和浏览网站一样，可以反映出许多信息。追踪用户在什么情况下关闭窗口或导航离开，以及离开前查看的页面是什么，都能收获重要的信息。

入口

用户从什么渠道进入产品，可反映出与使用相关的重要线索。对于一个在线平台，可以分析反向链接信息，了解用户流量的来源渠道。你也可以通过搜索引擎提供的搜索关键词，了解用户探索产品的意图。对于一款多渠道覆盖的产品，你可以监测用户什么情况下会切换渠道，比如用户在网页端开始了一段流程，并在手机端完成。如果你在搜索引擎中投放了在线广告或付费购买了搜索排位，你便能区分通过自然行为进入产品的用户与通过付费广告位进入产品的用户。

使用频率

使用频率与时间点也能反映许多信息。可以关注一下用户何时开始使用产品，每次的停留时长，以及使用频率。可以将季节性因素及反复发生的事件考虑进来，让数据更有意义。例如，银行产品应用程序的使用量可能会在发薪日前后达到峰值，礼品馈赠服务类应用程序的使用量可能在母亲节等特殊节日产生偶发性的高峰。了解并预测这类行为，是提出更多相关问题的关键。

集合尺寸

集合是指一组内容或列表的计算机概括性术语。通过集合尺寸可以了解常规使用情况和特殊情况。假如你正在研发一种音乐流媒体服务，那么了解播放列表的数量、播放列表中歌曲的数量、过去一周创建的播放列表数量以及从这些列表中添加或删除的歌曲数量，或许能带来一些有趣的问题。

设备

虽然产品设计使用的设备可能是双屏幕、顶配的 Mac Pro 计算机，并向使用大尺寸 Pro X+ 苹果手机的 CEO 展示，但用户使用的设备在屏幕尺寸、屏幕品质、操作系统、计算性能和硬件能力方面都与之相差很大。了解用户使用的设备，有助于细化调研问题的范围，排除大量使用情况的假设。

分析节省了数百万美元

2010 年，Expedia 分析师在结算页面发现了一个令人惊讶的情况。一些用户以为，"公司"一栏需要填写的是支付公司的名称，于是他们输入了银行名称而非自己公司的名称。这导致他们认为后续所有提供的信息都是关于银行的，而非个人信息。所以，他们提供了银行地址，而非家庭地址，然后支付交易就会失败。

Expedia 在数据分析中发现该情况后，删除了该字段。这个改动引起了年销售额 1200 万美元的增长[注4]。

你应该认真思考记录他人行为所产生的道德问题。有追踪的能力，是否等同于可以这样做？借助现代化的数据分析技术，你可以通过事件追踪获取海量信息。从某些角度而言，能获取这么多信息是很可怕的。为了让你对信息捕捉能达到什么样的细致度有一些概念，请点击 *http://clickclickclick.click*（如图 3-2 所示）。

超出某个程度后，可用数据的规模会变得有点吓人。听起来较有说服力的收集方法是，对所有内容进行事件追踪，再找出重点数据。然而，该方法会降低程序或网站的运行速度，并产生不必要的费用（一些分析平台按所捕获的事件数量计费）。思考一下：这些数据能为你带来什么价值？其与你关注的方面有多少关联性？想清楚后，再决定追踪哪些信息。追踪不必要的数据会使数据结果不够清晰和明确。对于不再关注的行为，放弃捕捉也是可以的。

重要的是，不要只依赖事件数据。分析系统的数据捕捉会受到许多因素的影响——如物理环境、周围声响和用户的道德感——而这些因素是无法直接在后续的用户行为分析中观察到的。

注 4：Nick Heath, " Expedia on How One Extra Data Field Can Cost \$12m, " ZDNet (November1, 2010), *https://www.zdnet.com/article/expedia-on-how-one-extra-data-field-can-cost-12m*.

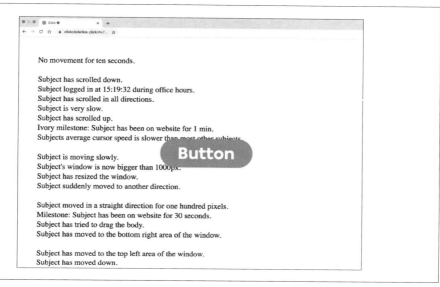

图 3-2：事件追踪示例

想象一下，此刻你正在查看一些事件数据，是关于控制生产外科手术精密部件的触控屏的操作行为，例如，如图 3-3 所示的工作站。操作人员在屏幕上的操作数据显示和点击行为之间存在较长时间的停顿。这令你认为这个界面的导航不太好用。但只要查看现场环境，就会发现真正的问题所在。机器的一端是一个送料器，负责将材料送入机器。机器内部是复合切割工具，将金属切割成精细的外科仪器。操作人员需要将已成型的零件从一个架子移至另一个架子，将冷却剂箱加满，或处理车间的其他事务，所以无法始终留在机器屏幕附近。当你处于 10m 开外的位置时，很难完成一些屏幕相关的操作，而且说实话，屏幕操作也并非操作人员的核心任务。

与操作人员共处一天，可以深入了解他们与周围环境的互动。面对现实吧，并非所有人一整天都会盯着屏幕（尽管这些天，我们许多人看似一直盯着屏幕）。

事件追踪是一种可提供研究问题的强大工具。但你仍需考虑收集哪些数据及如何发挥数据的价值。例如，如果你正在分析一家电商店铺的浏览购买率，无须将缺货的各类商品考虑在内，因为在消费者执行购买决策时，它们无法体现真实的选择。换而言之，仅添加事件追踪不能得到所有期望的答案，你也需要定义并收集有价值的数据。

图 3-3：在工厂车间内，操作人员无法直接或一直盯着屏幕（来源：MachineMetrics）

3.4.2 用户细分与群组

并非所有被追踪的用户都存在一样的使用情况或行为模式。为了更好理解各类用户的具体需求，可采用细分与群组，关注与目标关联性最强的用户。将用户细分为更小群组，更便于了解用户，专注目标。例如，假如你想研究英国与美国用户，用户细分可以帮助你了解用户行为，排除亚洲及拉丁美洲用户产生的数据干扰。

细分指基于特定标准的用户群体。这些标准可以是行为角度或统计学角度。例如，你可以按年龄、消费额、访问频率、地点、浏览器类型等维度细分用户。你可以将细分看作过滤条件，它们将数据筛成更易维护且更有意义的子集。

群组指基于特定时间段内特定行为的用户细分群体。与细分不同的是，用户群组使我们能够分析特定时间点及特定特征的用户数据。例如，你可以比较用户首次注册后的行为，及几个月后的行为。也可以筛选 7 月注册的用户群，或者在 10 月 1 日至 12 月 25 日期间支付多笔玩具订单的用户群。

群组分析是一种观察特定时间范围内用户行为的有效方式。基于行为的用户群组能体现用户的行为模式，而不仅是用户是谁，这极具价值。或许你知道

Facebook 上"10 天 7 个好友"的故事，那些 10 天内收获 7 个以上好友的用户，更有潜力成为平台的活跃用户[注5]。游戏开发商 Zynga 分析使用数据时也有类似发现：注册游戏后一天内返回游戏的用户，更有可能成为活跃用户。Constant Contact 公司的产品营销团队发现，如果免费试用用户在尝试时向真实用户发送了营销邮件，而非只向自己发送测试邮件，那么他们更有可能成为付费用户。

探索行为化的用户群组是一个高强度的过程。这里提到了几个切入点：社交密度（如 Facebook 的案例）、使用频率（如 Zynga 的案例）、内容（如 Constant Contact 的案例）。你可以选择任何行为作为切入点，形成用户群组，监测用户在产品目标下的行为表现。比较不同群组的行为，可以得到一些问题优化的思路。

当然，如何发挥用户细分和群组的价值，需要考虑对用户和对业务都有利的角度。驱动用户的某些行为或许符合你的利益，但不符合用户的初衷。从道德角度来说，强迫行为并非合理的方式。分析数据时一样要谨慎。群组分析通常显示出相关性，但关联关系不等于因果关系。将用户细分和群组与不同角度的观点结合思考，或许会有一个更清晰的视角。

3.4.3 用户心声

除了知晓用户使用产品的行为，还要了解他们对产品的感受。结合行为数据与观点数据，能对产品现状及当前问题有更广泛的掌控。用户心声指用户在了解产品前、使用产品期间以及使用后的所有言论。

收集用户心声的方式之一是通过帮助论坛。这是用户之间讨论产品问题的地方。这些论坛既可以由产品公司组织，也可以设置在不同的公共平台上，如 Reddit。公司负责人员或许会在线帮助解决问题，或许不会，但无论怎样，这些帮助社区是了解用户体验的，你可以从中找到进一步探索的切入点。

另一种以用户服务为导向的方式是客服工单系统。例如，Zendesk 是一款帮助软件，追踪用户问题生成的工单，处理优先级排序并完成工单，用户可通过网站、

注 5：Chamath Palihapitiya, "How We Put Facebook on the Path to 1 Billion Users," YouTube(January 9, 2013), *https://www.youtube.com/watch?v=raIUQP71SBU.*

手机、邮件、Facebook 或 Twitter 直接获得产品帮助。分析客服工单系统的数据，可以了解困扰用户的症结所在。

社交媒体是另一种直接收集用户数据的好方式。来自 Twitter、Facebook 及 Instagram 的评论与问题的精确数据，可以反映产品的主要问题与成功之处。这些帖子通常不涉及营销排序，纯文字形式，所以往往是用户心声的一把衡量标尺。但要注意，有些人会为了在社交媒体的关注者面前营造良好人设，而粉饰他们对产品的真实看法。

用户常常在 Yelp 和 Tripadvisor 上表达自己的顾虑与喜爱。这些渠道是用户数据的沃土，相比社交媒体，这些评论更值得思考，内容也更谨慎。但也因此，用户使用过产品一段时间后才会发表评价。

拥有庞大用户量的公司可以利用这些反馈渠道。例如，一家大型卖场网站会对买家和商家进行年度问卷调查，基于调查结果中用户遇到的问题，与用户沟通。此外，他们还收集用户社交媒体上的相关言论，收集用户在购买或售卖过程中的体验与感受。

一些分析机构借助各类渠道收集用户心声，他们组织用户调查，进行行为追踪，分析用户反馈。这种方式有利有弊。好处是，会有一个专业团队负责分析用户反馈。坏处是，该团队并不隶属于产品团队，可能造成产品团队愈加远离真实用户。

使用视角：我们的结算页面太过时了

回到之前的例子，让我们从用户使用视角思考。用户认为元素陈旧也是一种看法，所以我们从用户反馈入手。先看看社交媒体帖子中是否特意提到了结算页面，是否提及了过时、陈旧、落伍或类似表达。查看一下用户反馈表和产品帮助反馈，了解关于结算页面的态度或看法，以及用户是否视其为一个问题。

做这个练习时，我们假设在社交媒体帖子中发现，一些用户抱怨结算页面含有额外需要填写的信息，而竞品却没有。假设我们也发现用户抱怨页面过时。然后我们查看社交媒体的发帖用户与抱怨用户是否同属一类特定的用户细分或群组，分析这些用户的使用行为。另外，是否存在一些遇到类似问题

但未强烈发声的用户？因为是新用户，所以产生了抱怨吗？他们是否将我们与某些竞争对手做比较？是否有一些长期使用网站的老用户也认为页面陈旧，或者由于设计一直没有变化，他们无须学习新方式，反而对这一点很满意？目前的设计是否很过时？哪些用户有这样的想法，这是一个问题吗？

我们假设有两个用户群组抱怨：使用其他产品的新用户和下单频次低的老用户。

3.5 节末尾我们继续这个故事。

3.5 商业视角

理解了商业模式、市场规模及幕后运作这三个概念，即使你没有商业学位或不曾接触过商业，也可以对调研实践的商业维度做出判断。

3.5.1 商业模式

你的产品能提供哪些价值，以及如何提供——换而言之，你的商业模式——将成为调研问题中的关键部分。了解你的商业模式，以及如何在调研问题中体现，能使你更加精准定位最有潜力的机会所在。

为了细化问题，需要根据商业模式研究你自己的产品。例如，如果你的商业模式是交易类的，即用户购买商品，那么你应当关注交易流程。了解吸引用户浏览产品的因素、影响用户购物车总额的因素，以及用户放弃支付的因素，知道它们分别是什么。如果你的商业模式是 SaaS，即用户通过订阅来获取某些内容，那么你应当关注用户访问频率，停留时长，以及用户在每个功能下的行为。你也可以了解在降低用户流失率、营销以及最近使用上的机会点。应用程序和 SaaS 有许多相似之处，用户都会产生购买与安装行为，但不同之处在于关注的侧重点。例如，针对应用程序，你可能更加关注用户量、卸载量以及用户评分与评价。

有些问题定义明确，相对容易解决。对于这些问题，调研可用于找出能得到更好结果的解决方案。这些解决方案通常遵循和当前业务相同的商业模式。例如，假如你有一项交易类业务，当你想增加某一季度的销售额时，你的调研可能侧重于如何刺激潜在用户的兴趣并使用户产生购买行为。

此外，有些问题相当模糊不清。解决方案也不明确，需要通过调研来了解增长方向和新的机遇。这些是新问题，且解决方案或许脱离了当前商业模式的范畴。假如交易类业务想要从服务类业务的竞争对手中争夺用户，调研则需关注建立 SaaS 业务线与优化交易型商业模式这两者所面临的困难的比较。当问题范围越来越大时，也要考虑自身外其他商业模式的可能性。

了解问题与商业模式之间的关系，有助于产出具有商业影响力的调研问题，使你专注价值本身，而非不重要的方面。

3.5.2 市场规模

了解产品潜在市场机会是完善问题的另一个关键点。此时，通过数据你已经得到了关于如何完善产品的洞见。如果你的问题指向了新的增长领域，那么了解市场将尤为重要。

讨论产品市场规模时，最好从总体市场规模入手。产品或服务的整体潜在市场规模（Total Available Market, TAM）有多大？换而言之，假如不考虑地域、竞争和触达方面的限制，产品潜在市场需求有多大？例如，你运营了连锁运动商店，你的潜在市场范围可以是全球运动出口市场。

接着，进一步细分。产品的可服务市场规模（Serviceable Available Market, SAM）有多大？即产品可触达的细分市场范围有多大？产品触达取决于地域或服务可用性等因素。例如，假如你运营着小镇上唯一一家运动商店，考虑人口规模、休闲活动以及相似人口规模小镇上其他运动商店的收益情况，你的总体市场可服务的范围有多大？

再进一步细分。产品的可获得服务市场规模（Serviceable Obtainable Market, SOM）是多少？即考虑竞争的情况下，你的产品真实所能获得的市场份额是多少？

图 3-4 表现了每一细分市场规模都小于前一种的现象。

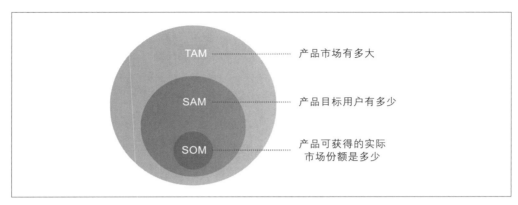

图 3-4：整体潜在市场规模、可服务市场规模和可获得服务市场规模

设计研究问题时，需要将市场潜在机遇考虑在内。针对潜在市场规模展开调研——即针对所有用户进行调研——是一种巨大的资源浪费。分析产品可触达的细分市场有助于制定问题，并针对更适合的目标用户。

3.5.3 运营

运营指为用户数字化体验保驾护航的一个重要的群体。这些人通常属于数字化产品中"非数字化"的部分。运营团队负责诸如用户支持、服务质量监控、运输与退换、技术、财务等功能。了解运营方面的知识，可以为你的问题增加显著优势。

注意，以运营视角看问题，不同于 3.4.3 节所讨论的使用视角。后者强调了解用户的想法和行为。这里强调了解产品体验支持团队遇到的阻碍是什么。

一家公司的运营效果将直接影响其服务品质。以线上申请贷款的体验为例。假设你有一套标准化的申请流程、具备竞争力的报价和极为简单易用的网站。但如果用户打电话至客服中心咨询问题，体验到了糟糕的服务，那么你为打造线上体验而付出的一切努力都将付诸东流。

Aras 曾在一家专注打造卓越配送服务的电商企业工作。它的竞争对手提供当日配送服务，但有时包裹会在深夜抵达，相比体验便捷性，造成的麻烦更多。这家公司期望比竞争对手的体验更卓越，允许消费者选择当日精确配送时段。产品策略、客户服务、配送现场支持和财务团队通力合作，对工作流程进行了必要的调整。应用程序仅改动了 2 处：增加配送时段选择器和通知提醒弹窗。相比整个运营团队针对特色配送服务做出的努力，用户界面的改动微乎其微。

商业视角：我们的结算页面太过时了

让我们继续之前的例子，并尝试站在商业角度思考。我们的电商平台采用的是一种交易型商业模式，即每单独立成交的模式。老旧且缺乏吸引力的结算页面，或许难以吸引用户前来购买。

在这个练习中，假设我们发现结算页面存在技术上的强依赖性。多年前，当这家公司进行数字化转型时，负责海外销售平台搭建的第三方服务商，针对海外市场的结算页面提出了一种视觉化提案，并用于首次上线的产品中。换句话说，针对目标用户，在原有界面中加了一层"视觉外衣"。当时的管理团队采纳了该提案，并希望首推发布。

多年后的企业需求并无改变，但用户则追求更新、更快、更流畅的体验。怎么办呢？3.6 节继续这个故事。

考虑产品或服务背后的各种细节，可以帮助你在调研中产生更多思考。了解非数字化的产品运营工作，有助于你围绕重要但无形的挑战来定义问题。

3.6 专家视角

数字化产品至今已存在了几十年，涌现了一些最佳实践，还有大量关于用户体验原则的学术与实践研究，以及许多梳理用户期望与市场行情的优秀分析师。与其浪费时间重新发现已知的事实，不如利用这些知识来完善你的问题。

3.6.1 启发式分析

启发式分析——通常被称为专家评审——是一种以已知用户体验的最佳实践来评估产品的结构化方式。最常见的形式是，拿出产品（或设计原型），请 3～5 位可用性或设计专家就设计与最佳实践的差距提供见解。另外，也可以遵循已知的启发式清单（详见"常见的启发式清单"）。本质上，这是一个主观过程，但相对而言，它速度更快并能为产品改进提供大量数据。先声明一点：启发式分析无法 100% 精确或完整。实际上，这也是问题的关键。

尼尔森十大可用性原则（*https://oreil.ly/mGLl3*）

交互设计基本原则（*https://oreil.ly/kGOZv*）

施耐德曼的八大黄金法则（*https://oreil.ly/xSf5y*）

通用设计七原则（*https://oreil.ly/q4-Kp*）

组织一场启发式分析之前，你需要了解产品的业务与用户需求，以及如何使它们达成一致。思考用户使用产品完成哪些操作，对这些操作进行排序。然后运用启发式问题集评估用户体验。询问用户的主要目标是什么，即用户为什么在意这些目标？以下列举了一些启发式分析的经典问题：

用户将如何试图达到他们的预期结果？

用户将如何看待对他们可用的正确操作？

用户能否将正确操作与期望达成的结果关联起来？

用户将如何了解期望结果达成的进度？

假如你正与许多专家一起工作，比较分析每一位专家的结论。如果可以，听取他们如何分析他们之间的差异。多位专家有可能会多次发现同一种错误，但一个人或许只能发现部分错误，遗漏其他错误。了解他们的原因分析，也能帮助你重新思考自己的想法或假设。

当然，就其性质而言，启发式分析也有局限性。例如，它可能无法找到产品中所有的可用性问题。它也无法提供一种修复可用性问题的系统化方法，或是一种评估再设计质量的方法。但这些对你并不是什么问题。即使小规模的启发式分析工作，也能使你在研究问题上有所收益。

3.6.2 现有调研

产品调研的最大目标之一是在无须过久等待或投入大量资源的情况下得到洞见。所以构建问题时，减少调研中的挑战是很关键的。有时，某些人已经做过类似的调研，你感兴趣的问题或相近问题可能也曾是别人的调研对象。因此，查阅现有调研成果是一种缩小调研问题范围的好方法。

现有内部调研

现有调研有两种形式。第一种是你所在组织内的现有调研。其他人可能在不久前对类似功能的类似问题进行过调研。查看一下他们的成果，可以为你提供更多信息来定义你的问题。即使他们没有完成调研，或没有产出一些可直接帮助你的结果，和他们简单沟通一下也能有所收获。

一个与此有关的例子是 3.4.3 节中涉及的大型卖场开展用户调查的故事。2017年，其中一项用户呼声较高的问题是，商家不了解买家是如何在平台上找到自己店铺的。由于不确定，所以他们不知如何营销才能让店铺更引人注目。这个问题对平台来说挑战巨大，因为平台已经有一个由 6 个产品组成的店铺引流系统。但调查显示，此系统并未发挥效果。商家体验团队借助现有调查结果审视产品的营销效果。然后，他们组织了一个调研项目，用于改善商家的营销与辅助产品。

在第 8 章和第 9 章中，我们将阐述如何使公司的每个人都能了解并开展调研，以便了解已有调研，并在此基础上展开调研。

现有外部调研

第二种是来自第三方的现有调研。这些调研可能包含由其他公司公开发表的调研成果（通常是以文章形式发表在 Medium 平台上）或研究机构的调研结果数据库。其中一些调研成果是由一个更为具体化的调研问题得出的，类似于之前提到的启发式方法。阅读这些结果有助于审视你的假设，某些情况下，甚至可以找到问题的答案！请注意，其他公司面临的问题、产品、用户、商业模式或目标都有可能与你的不同，所以并非所有的研究结果都适用于你的问题。尽管如此，跟随前人的脚步还是能为你带来许多灵感。

专家视角：我们的结算页面太过时了

让我们回到之前的例子，试着以体验的角度完善它。我们发现结算页面已经进行了视觉化改版。为了验证问题的确来自视觉风格，我们可以通过竞品分

析了解产品与其他产品的差异性。我们可以带着一些想法比较输入项数量、文案语气、报错信息展示及视觉设计的差异。使用数据分析组件梳理用户屏幕分辨率与设备类型分布，并在所有常用的屏幕尺寸与设备上进行这种比较。为了达到用户期望，我们也要基于市场数据，考虑用户使用的其他网页产品或应用程序的现状。

假设我们发现了几个视觉问题和一些不必要的字段。我们可以通过产品支持团队看看他们是否接到过相关字段的电话反馈。从三种角度审视问题后，我们更加了解，令我们对结算页面感到不安的因素是什么，以及问题出在哪里。下一节末尾，我们将细化这些问题。

3.7 制定问题：运用 QFT

第 1 章提到，培养洞察式思维，保持好奇的提问，对收获有价值的产品调研成果至关重要。我们从几个角度讨论了如何运用现有的信息来完善问题。用一种清晰的问句表述问题和完善问题同样重要。一个好的调研问题是有重点的、开放的、不含偏见的，并且是你期望找到答案的。

形成调研问题前，我们可以从正确问题研究所（Right Question Institute）提出的 QFT（Question Formulation Technique，问题制定方法）[注6] 入手。这种方式简单、严谨，能帮助任何人定义一个值得深思的问题。

QFT 需要一个刺激点来推动问题的产生。这个点被称为问题焦点（QFocus）。问题焦点可以是一段话、一个短语、一幅图像或任何早期用户体验检查中收集的数据。这种方式是为了鼓励发散性思维，换句话说，是为了鼓励创造性思维，帮助你考虑多种方案。你可以从使用、商业和专家视角提出相关问题，并从不同角度重新思考当前问题。本章示例中的 QFocus 是"我们的结算页面太过时了"。我们在每一节都讨论过这个话题，并提出了问题优化的方法。

注 6：这里提及 QFT，是从它的简单性与合作性角度考虑。了解更多内容，可访问正确问题研究所的网址（*https://oreil.ly/WGJvQ*）。其他一些方法也能完善调研问题，例如，Sudden Compass 提出的综合数据思维（Integrated Data Thinking；*https://oreil.ly/MTU0D*）或 Twig+Fish 提出的 NCredible 框架（*https://oreil.ly/6_y-L*）。

将此方法作为团队讨论的切入点是很重要的。谨记一点，讨论过程要保持创造性和思维开放。鼓励每个人尽可能地提出问题。不要停下来讨论细节，评判或是回答问题，只做一件事，不断地提出更多问题，直到你无法继续为止。准确记录每个问题也很重要，千万不要针对问题进行举例。这样可以避免干扰问题方向或扭曲问题的重点。最后一点，每次使用 QFT 时要注意：我们很容易懈怠而忘了保持开放和合作的精神。

接着，鼓励团队审视他们提出的这些问题。这些问题会带来什么样的用户反馈？它们是开放性问题还是封闭性问题？其中，封闭性问题是否能扭转为开放性问题，反过来也可行吗？这个方法能优化问题吗？

这个练习是为了优化问题，以便从用户中尽可能多地收集信息。思考一下：基于目标，哪些问题是最佳问题？你应当优先考虑哪些问题？最终，你需要将问题收敛至两个或三个核心问题，它们可以帮助你挖掘业务价值，产生最佳的产品洞见。你可以从这些问题中选择一个作为调研问题。

3.8 尝试：这些是好的调研问题吗

如表 3-1 所示的是一个问题列表。这些是好的调研问题吗？当然，缺少背景信息令你难以全面评估，你只需阅读我们的指南。

> *这些问题的表述是否具有偏见？*
>
> *它们是否涉及其他目的？*
>
> *他们采取了洞察式思维，还是采取了一种导致调研失败的其他思维方式？*
>
> *你能提出任何反模式吗？*

查看表格右栏的部分，在团队内分享对每个问题的看法，并进行讨论。

我们应当始终以问题推动调研。问题来自已知的信息，而非自认为已知的信息。可以先框定一个问题，然后借助现有数据完善问题。追踪用户使用过程，邀请用户分享看法，思考最佳实践，这些都是收集数据的过程，可以帮助形成你的调研问题。在特定商业模式、市场规模及运营中分析机会点，有利于找到最有价值的调研问题。以洞察式思维清晰阐述问题，有利于获得对产品及用户最有效的调研结果。

表 3-1：这些是好的调研问题吗

问题	好的 / 坏的
你今天感觉如何	这不是一个调研问题，它过于具体，而且非常随意。但它可以成为一个访谈问题，在访谈开始时营造融洽的氛围
用户使用我们的自助取款机时遇到了哪些困难	还记得第 1 章提到的问题探寻式思维吗？这个问题仅聚焦于问题本身，会妨碍我们的客观性，改为"用户如何使用我们的自助取款机"或"用户使用我们的自助取款机的体验怎么样"会更好
我们的店内销售体验和线上销售体验有何不同	这是一个好的调研问题。它没有引导性，是开放式的，且涵盖范围广，足以获得洞见
露营前一刻，人们是否更偏爱使用我们的移动应用程序购置物品	这是一个是 / 否的问题，略微带有一丝期望用户偏爱的偏见。"人们"指哪些人？更好的表述方式可以是"出发露营前，休闲露营者如何使用我们的移动应用程序购置物品？"或"休闲露营者如何在出发露营前一刻购置物品？"
为什么用户没有点击首页上重新设计的横幅	不好也不坏，只是很不合适。这是一种确认式思维的例子：居高临下，以自我为中心，自我封闭，缺乏使产品变得更好的好奇心

调研问题：我们的结算页面太过时了

回忆一下，我们感觉结算页面非常过时。我们从使用、商业和专家视角来审视自己的想法，通过已有数据，我们发现了一些有趣的地方：

- 并不是每个人都认为我们的结算页面很过时。

- 使用竞品的新用户觉得我们的结算页面不够现代。

- 同样，一些购买频率不高的用户觉得我们的结算页面过时了。

- 从技术角度来看，我们的结算页面确实过时了。支付方式还停留在多年前，支付流程也并未融合时下流行的体验方式。

- 虽然我们的结算流程可以支持付款功能，但支付页面比大多数支付页面更复杂。

- 视觉方面有一些可改善之处。它们不是最关键的，但却是打造现代化体验的一个很好的切入点。

考虑到这些，我们召集了一群对结算页面变化感到敏感的同事。其中一些同事甚至可能提供了底层数据！借助 QFT 方法，这个团队尽可能多地提出问题，确保每一个问题都不含偏见，是开放且重点明确的。下面是一些例子：

- 我们的用户认为什么样的数字化体验是现代的？

- 相比竞品，用户如何看待我们的视觉风格？

- 用户对我们的结算页面有何反馈？

- 老用户对精简后的结算页面会有何反应？

团队选择了其中一个最相关的问题作为调研问题，现在，我们可以制定调研计划了。

3.9 真实案例：产品经理如何在调研中运用数据科学

通过银行电汇支付学费的方式昂贵、耗时且不透明。对于在另一国家就读的国际学生来说，这是一笔额外的负担。一家跨境支付公司致力于提供轻松便捷的大型国际汇款服务。

一名曾在该公司任职的产品经理刚就职时，便被安排解决一个广泛存在的问题：资金流转到了哪里。（真是非常具体的切入点！）最初几周，她与用户支持团队沟通，以他们的角度了解到用户在流程中的哪些地方遇到了困难，何时需要帮助，以及对哪些方面总是感到困惑。

然后，她与数据科学团队合作，查阅了最近的交易趋势。他们首先得到了一个关于少量转化率的定量洞见：每 100 笔交易中，只有少量能够完成。接着发现了第二个洞见：在成功支付的案例中，大多是一开始使用手机操作，最终通过计算机完成支付。

这一点很有意思，但数据科学团队对此毫无头绪。因此，这位产品经理组织了一场研究冲刺，有限时间内访谈国际学生，收集信息并设计原型。幸运的是，公司总部附近坐落着许多较大规模的大学，所以她和团队走出公司，走进校园进行访谈！该团队对学生进行访谈以了解他们如何支付学费，如何借助该公司的产品完成支付。

通过访谈，团队得到了两点有价值的洞见。第一，先使用手机，最终使用计算机的大多是 17 或 18 岁的学生，他们在智能手机中收到学校发送的学费邮件，然后开始支付学费。他们需要填写大量信息（税号、银行编号等），但许多信息他们又无法提供，所有常被卡在流程中。接着，他们会将邮件转给父母，并附上留言："亲爱的爸妈，能帮我支付一下学费账单吗？谢谢！爱你们！"

第二个洞见中很重要的一点是，交易涉及两类用户。当时的产品体验并未区分学生或学生父母。此外，父母通常会去银行进行线下电汇，从而完全中断了产品上的交易流程。这解释了产品交易转化率低的原因，反映出一些严重的产品问题。也说明，高等教育领域存在一些明显的产品机会。

带着这些洞察，这位产品经理归纳形成了一些解决方案的构想，并与团队组织实验。她们的努力最终显著提升了原以为已无提升空间的交易转化率和利润。只需组织一些简单、思虑周全且严谨的产品调研，调查"资金流转到哪里！"，即可达成这一切。她在公司内形成了做调研的习惯，并不断地实践改良。即使后来她离开了公司，其他人依然延续着这种方式。

3.10 要点总结

- 一切好的产品调研都始于一个问题。

- 调研问题应当基于我们已知的信息——数据。

- 基于事件追踪、用户心声、启发式想法及用户细分与群组来分析用户行为数据，找到需重点关注的行为。

- 根据商业模式和所拥有的市场规模来规划产品的机会。

- 了解其他产品在一些不受关注的、高价值的领域提供了什么样的服务。

- 运用问题制定方法（QFT）定义对业务最具价值的调研问题。

准备，瞄准，再开火，或许比直接开
火更好？

第 4 章

计划使调研行之有效

在本书前言中，我们提到了拒绝调研的借口。总找借口的人通常经历过调研的失败。所以，做好计划是研究成功的关键。但由于计划环节看似不太重要，所以当你刚接触产品调研时，可能会忽视计划。

本章主要介绍如何制定计划，包括选择调研方法、寻找参与者、二人协作、准备大纲、保证所有相关方的参与以及遇到问题时如何解决。

4.1 选择一种调研方法

当你的兄弟姐妹或朋友出现流感的症状时，如何了解他们的感受？你会直接询问，绝不会直接带他们做 CT 扫描。再者，当你怀疑他们可能存在肺部感染时，做一些检查比简单询问他们的感受更有帮助。

如何开展调研取决于你的目的。需针对调研问题选择正确的调研方法。通过 CT 扫描了解一个人的感受，就如同以可用性研究了解未来用户愿意为产品消费多少。而让一个人通过自己的感受判断自己是否得了肺部感染，就如同以问卷调查了解人们为何最终放弃支付。不同的调研问题需要不同的方法——比如在医学研究中，如果选择了错误的方式，最终会错失重要的信息。

产品调研融合用户研究、市场调研与产品分析来获得设计与改善产品的机会点。这三种调研方向分别涉及多种调研方法（详见前言）。选择哪种方法取决于你的调研问题：你想了解什么，原因是什么？

关于调研方法及其在产品研发中的应用，存在各种分类方法与标准[注1]。这些标准将调研方法进行了分组。我们设计了一种简单的基于两个问题的分组法。回答两个问题，就能确定选择什么调研方法：

问题 1：
> 你当前处于产品研发的哪个阶段？

问题 2：
> 为了找到调研问题的答案，你是否需要了解单个用户观点与行为，用户整体的需求与动机，或长时间以来的使用行为细节？

表 4-1 基于这些问题列举了不同的调研方法。（如果你需要重温产品研发阶段和调研类型，请查阅前言部分。）

表 4-1 能帮助你选择适合当前调研问题的调研方法。例如，如果你的产品即将发布，你想知道什么样的营销文案能够引起用户的共鸣，它能引导你选择市场调研方法，也能防止你误选生成性用户研究方法。

表 4-1：基于产品研发阶段和调研问题的调研方法分类

阶段	调研目的	推荐调研类型	推荐方法
阶段 1	观点与行为	生成性用户研究	人种学研究，情景式访谈，参与式设计
		描述性用户研究	访谈，情景式访谈，日记研究，用户会话视频回放
	需求与动机	描述性市场调研	访谈，调查
阶段 2	观点与行为	描述性用户研究	访谈，情景式访谈，日记研究，用户会话视频回放
		评估性用户研究	可用性研究，多变量（A/B）测试，调查，眼动追踪
	需求与动机	探索性市场调研	二级 / 桌面研究，标杆分析，访谈，竞争对手追踪
		描述性市场调研	访谈，调查
		预测性市场调研	联合分析
	使用行为	诊断性分析	数据钻取、数据相关性和因果关系

注 1：Sam Ladner 的 *Mixed Methods: A Short Guide to Applied Mixed Methods Research*（*https://www. mixedmethodsguide.com*）一书和 Christian Rohrer 的调研分类学模型（*https://oreil.ly/tyhK8*）方面的论文对我们的工作很有帮助。

表 4-1：基于产品研发阶段和调研问题的调研方法分类（续）

阶段	调研目的	推荐调研类型	推荐方法
阶段 3	观点与行为	评估性用户研究	可用性研究，多变量（A/B）测试，调查，眼动追踪
	需求与动机	探索性市场调研	二级 / 桌面研究，标杆分析，访谈，竞争对手追踪
		描述性市场调研	访谈，调查
		因果市场调研	多变量（A/B）测试，实地试验
		预测性市场调研	联合分析
	使用行为	描述性分析	联合分析，用户细分，行为漏斗分析或点击流分析，海盗模型（AARRR）[注2]
		诊断性分析	数据钻取，数据相关性和因果关系
		预测性 / 指导性分析	回归建模，机器学习，相关性 / 因果关系实验

等一下，你遗漏了焦点小组

不，我们没忘——我们排除了它。我们对采用焦点小组做产品调研的方式极为反感。无意冒犯，但期望从焦点小组中得到很好的洞见，很困难。

焦点小组是一种多人参与，就同一主题提出反馈或共同讨论的讨论形式。它由主持人主持，确保每个人都参与其中，表面上看，这是一个不错的方式，你可以在一小时内同 10 个人进行交流！但与访谈相比，焦点小组的反馈质量很差。随着参与者人数增加，主持会议的难度也在提升。需要对各个参与者进行管理和实时回应，并在分析阶段解释。此外，焦点小组的参与者经常需要到公司环境下分享自己的想法，这可能会造成一种社会期许偏见：参与者迎合主持人，给出他期望听到的内容。在玻璃围成的会议室内进行谈话，也很难建立情感联系。

除非你是一个非常有经验的主持人，否则，我们建议选择其他调研方法。

表 4-1 提供了一些调研方法供你选择，但并未给出一种精确的调研方法。没有任何一种调研框架能做到这一点，因为要针对你的个例提供精确方法，需要考虑的变量太多。

注 2：Dave McClure, "Startup Metrics for Pirates: AARRR!," Master of 500 Hats (September 6, 2007), *https://500hats.typepad.com/500blogs/2007/09/startup-metrics.html.*

也就是说，你可以参考其他信息，缩小调研方法的范围。

4.1.1 已获技能和可用技能

你是否掌握了实践某种调研方法所需的技能？如果没有，能否找到胜任的人？需要花费多少，何时能就位？选择自己能胜任的方法，或寻求能快速就位的外援。

4.1.2 方法成本

采用每种方法的成本是多少？这个成本大多是资金投入成本或机会成本。例如，许多团队热衷于可用性研究，但他们往往低估了可用性研究中原型设计的成本投入。搭建一个能让参与者无须帮助便可自助完成所有任务的原型，并非易事。原型需要体现主要用户流程，做到这一点也并不容易。如果向参与者展示静态页面足以收集反馈，便无须花费几天或几周向原型中添加各种边缘操作情况并完善各类可点击事件。一定要选择对你而言低成本的调研方法。

4.1.3 招募成本

不同的方法需要不同类型的用户参与。这取决于方法的性质和方法对用户招募的要求。有时，你可能有两种方法可选，其中一种对招募的要求远比另一种容易。选择方法时，要考虑招募的难易程度。但要注意，不要将招募作为决定性因素，否则将产生错误的结论。下一节会介绍更多相关内容。

选择合适的方法，意味着你的投入更明智，且能产生回报。错误的、不合适的方法会以高昂的代价产生微弱的洞见，而能够帮助你找到答案的方法则会使你得到有效的洞见。

4.1.4 尝试：挑选一种方法

表 4-2 是一个关于假想产品团队的调研问题和问题提出的阶段的列表。针对这个练习，我们挑选了少量几种方法。请识别团队每一步的目标，并思考可采用的调研方法有哪些。你可以将表格右侧挡住，先对各个问题进行分析。

表 4-2：调研过程中每个阶段的调研问题

调研问题及问题提出的阶段	团队期望了解用户的观点与行为、需求与动机，还是使用行为	示例方法
省钱在情绪方面有哪些体现（阶段1）	观点与行为，或许也包含需求与动机	这是一个很棒的生成性用户研究问题或探索性市场调研问题。访谈或日记研究是用于研究该问题不错的选择
应用程序中，哪些步骤会导致交易转化率降低（阶段3）	使用行为	研究该问题需要了解用户使用应用程序的详细路径，可采用诊断性分析方法。这里不涉及对未来行为的推断，因此不属于预测性分析
哪些因素推动了亚太区用户的产品需求（阶段3）	需求与动机	这是一个宽泛的问题，可采用探索性和描述性市场调研方式。桌面研究、标杆分析和调查都是不错的选择
新的分类层级将如何影响用户的选择（阶段2）	观点与行为	当团队想要了解用户使用新导航的具体行为时，采用评估性用户研究方法会很适合，比如可用性研究

4.2 寻找参与者

假设你正在研发一款针对机场工作人员的飞机维护系统。你会选择一群花匠参与原型测试吗？虽然可能是一场有趣的调研，但除了得到一些滑稽的行为外，无法得到有价值的信息，这会浪费所有人的时间。然而，我们在大街上随机选择用户参与产品测试的做法与此无异：我们从一些可能完全不属于我们目标用户的路人中收集信息。那么，如何为产品调研选择正确的用户呢？

辨别研究的参与者是产品调研的第一步。为研究招募合适的参与者并不像走进咖啡厅那么简单。招募合适的人，然后将他们的范围缩小至适合研究的用户，这一点很关键。

4.2.1 易于触达的受众陷阱

你需要防范可用性偏见，第 2 章曾讨论过相关话题。不幸的是，我们总倾向于将最容易接触到的用户作为研究受众，这无法产生好的收效。Aras 在和一家著名的、价格高昂的设计公司合作一个项目时，见证了这一点。让我们称这家公司为 RBA（Really Big Agency，大公司）。RBA 非常擅长打造漂亮的界面设计，但在收集用户反馈方面拖拖拉拉。Aras 团队向 RBA 团队施压，要求他们组织一些快速的可用性研究。接着，RBA 团队在同事与团队成员中组织了原型测试。他们的报告中指出"这个应用程序一切良好"。但 Aras 的团队并不信服，于是重新组织了（适当计划过的）可用性研究。结果很糟糕。15 位参与者操作仪表盘的行为，没有一位符合 RBA 的预期。

同事和团队成员或许能给出你想要的答案，但他们的行为和观点可能无法使你得到任何收获。这些回答令你在糟糕的产品中耗费大量时间和金钱。相反，从长远来看，招募合适的、能代表目标用户群体的参与者，能节约时间和资金，或许还能避免尴尬。

4.2.2 谨慎选择：用户筛选过程

一份简单的问卷就是一种用户筛选方式，使你了解某些用户是否能在研究中提供相关反馈。好的筛选问卷通常由若干多选题组成，问题简单且易于回答。

筛选问卷通常喜欢收集人口统计学的相关数据，比如年龄、性别和职业。我们建议，只有当这些统计信息与研究问题息息相关，或你希望通过它们对参与者群体进行细分时，才询问这些问题。相反，应多询问行为及观点方面的内容。了解最近的行为活动和观点才是一种更快、更可靠的，挑选最合适参与者的方法。

梳理筛选问题的一个简单方法是，基于现有用户群体制定问题。可以从用户细分与群组（第 3 章中涉及）入手。我们的运动员教练应用程序的研究目标可能是"使用过教练培训软件的教练"。研究可以针对多个用户群体。当你确定了研究目标后，可以根据行为信息而非人口统计数据，制定一系列问题来寻找参与者。

眼前就有一种招募参与者可用到的最丰富的资源之一：已有数据。或许你已经借助数据定义了研究问题。或许你收集到了一些用户使用产品的方式，用户操作历史，以及简单的人口统计资料。数据能够提供同筛选问卷一样的用户行为信息。

刚接触调研的团队，有时认为他们需要访谈大量用户才能得到有效的信息。这种想法不完全正确。招募多少用户取决于调研采用的方法，而方法取决于调研问题。假如你的目的是探索因当地冲突而流离至另一国家的难民的需求，你可以通过与少数难民交谈（可能是通过访谈）收集到令人惊叹的洞见。如果你的目的是确定新设计能否带来更多的转化，你需要对数以千计甚至数以百万计的用户进行调研（可能通过 A/B 测试）。

洞见可以源自任何用户，与数量无关。如果经你精心选择的其中一位用户的产品使用行为与你的部分设想不同，那么你不能否定："因为其他用户没有这么做，所以这些行为不对。"

4.2.3 收集参与者信息

借助数据提前筛选参与者，可以选出最适合研究需要的目标人群。但是，你所收集的数据可能非常敏感。因此，保护好参与者的隐私非常重要。

参与者的信息和对筛选题目的回答，可能涉及隐私信息，如电子邮箱、家庭住址、电话号码等。基于研究需要，你可能还会收集一些个人敏感信息，如参与者的性取向、宗教信仰、政治立场和收入。完整信息的访问权限应仅限于部分几人。给每位参与者标记一个简短、唯一的指代符号，如数字或字母。做笔录或分析时会用到它们。有用户资料访问权限的人应当负责根据每个调研项目的需要来筛选参与者候选人，并只向同事们分享符合当前调研项目要求的候选人的资料信息。

当参与者参与研究时，你应当做好信息记录。这能避免反复邀请同一位参与者的情况，尤其是在短时间内。为什么要避免？因为偏见！频繁参与研究的参与者会认为，他们在产品使用方面的表现实在太优秀，所以才会被你选中，或他们在之前的研究中表现很出色，或你很喜欢他们的想法！（第 2 章谈论过关于有偏见的参与者和社会期望的内容。）限制同一参与者参与研究的频率，有助于控制这类偏见的产生。参与的间隔时间取决于产品和研究情况，但大多数团队设定的时间是 6 个月。

追踪参与者的行为，也能帮助你剔除一些"赏金猎人"。但不幸的是，有一群人参与研究项目只是为了得到奖励。他们为了获得参与资格，非常擅长提供虚假答案。他们不止提供了虚假反馈，同时也取代了提供有效反馈的候选人。当你遇到这类"赏金猎人"时，标注一下。然而，有些人甚至通过使用不同名字和邮箱地址来躲避检查。假如你怀疑某人不是真正的参与者，提前与他们联系，逐一筛选。

为每个研究项目招募一组新用户，费时又昂贵。维护一个可反复使用的用户群，可使短时研究项目更加高效。这类用户群组被称为研究小组（research panel）。尽管组织起这群用户代价高昂，但研究小组能缩短接触熟悉用户的时间，令公司内的每个人都能很容易地开展研究。在第9章，你将了解到时尚电商公司Zalando是如何做的。

4.2.4 建立情感化激励

当你筛选访谈或可用性研究的参与者时，应留意一个特别的群体：乐于分享观点和经历的人。

参与研究对他们有何好处？只是为了一张20元礼品卡？你应该好好考虑一下用什么作报酬，激励人们参与研究。礼品卡不错，但若你能接触到那些乐于提供反馈的人，就能获得更多积极的参与者。要注意的是，他们提供的可能是正面反馈，也可能是负面反馈，无论是哪种，都请保持开放态度。

当C. Todd在MachineMetrics与厂商一起测试一些原型时，他很清楚，测试不只是一个环节——他是在解决用户的问题。因此，相比于提供20元礼品卡，他向测试参与者提供了一个重塑产品来满足他们需求的机会。C. Todd已经记不清这些年来有多少参与测试的用户要求他提供20元礼品卡的报酬，这些用户参与研究，更像是做了一笔经济交易，而非信息的交换。你需要找到有问题亟待解决的用户，对他们而言，参与的价值不仅是一顿免费午饭。

这种方式的缺点是，会出现选择偏见。但只要在筛选题目中拓展一些有关参与者态度、最近的问题和使用时开心的时刻等疑问，就可以避免。

为了简化筛选流程，可考虑我们下面提到的方式：到用户所在的地方去。

4.2.5 到用户所在的地方去

多年前，C. Todd接触过的一个团队正在研发一款针对运动教练的应用程序（不是之前提到的 Beachbody 公司）。经过深入研究，团队表示该软件将更多地针对耐力运动员的合作教练。假如不进行这种区分，团队将很难触达具体的目标用户。将用户群体缩小至一个合适的范围，能使团队接触到使用产品的真实用户。

该案例中的软件开发人员很明白，不可能只依靠楼下的星巴克或在 Craigslist 上发布广告，就能找到目标用户。所以耐力教练们会出现在哪里呢？他们是否常去某个秘密的耐力训练俱乐部？应该不是，但他们应该会出现在赛跑和自行车竞速比赛中，或者一些网站和论坛上应该也能发现他们的身影。最终，产品团队亲自到这些线下及线上场合找到了合适的参与者。

到用户所在的地方去有两点优势。首先，你能接触到真正的用户，挑选用户也更方便。其次，可以亲自看到用户如何使用产品。（我们将在第 6 章介绍一种在此基础上的研究方法。）

假如没有提前筛选，如何确定你面对的是合适的参与者？可预先准备几个简短的筛选问题，首次接触用户时口头提问。假如答案符合预期，继续推进研究。假如不符合，可以继续看看他们是否符合极端用户的情况。假如也不符合，你应谢绝用户，开启新的对话。

Jira 产品的母公司 Atlassian 通过这种方式收集用户的相关反馈。研究人员在 Jira 用户参与的技术大会中设立展台，吸引那些热心于提供反馈的积极用户。他们设计了有趣且吸引人的空间装饰，在大会茶歇时，积极与大会参与者进行交流互动（如图 4-1 所示）。Atlassian 有能力招募世界各地的用户，但他们依然会到用户所在的地方去收集想法。

2020 年，当我们写这本书时，新冠的大流行赋予了"到用户所在的地方去"新的意义。封锁、隔离和宵禁突然间使视频会议成为日常。许多时候，当企业无法正常开门经营时，面对面的对话就变得不太可能。许多能加速招募进度的公共场所已不允许进入，有些甚至已不复存在。虽然变化带来了种种挑战，但你依然有机会近距离接触用户。你可以在数字化空间中与用户交流，比如社交媒体，Slack 或微软团队等协作平台，Reddit 等在线社区，WhatsApp 和 Telegram 等即时通信应用中的私人聊天群组，以及《堡垒之夜》和《绝地求生》（PUBG）等大型多人在线游戏等。

图 4-1：Atlassian 的研究人员在一场大会中同用户交谈（来源：*https://oreil.ly/oBAo2*）

在线交流和面对面交流差别很大，但只要做好准备工作，远程调研也能获得与面对面沟通一样高质量的信息。实际上，有时不与参与者面对面，会使他们在分享私密、敏感细节时感到更自在。（我们将在第 5 章介绍远程调研。）

精心挑选的参与者能为你带来更多其他信息：比如，针对你所探索方向的多种观点。

Genchi Genbutsu

Genchi Genbutsu 是制造业中诊断问题时所采用的一种精益实践理念，指亲自到问题发生的现场去，亲自进行第一手观察[注3]。这是一个日语术语，可解释为"亲自看看"。

4.2.6 寻找不同视角

在做研究时，寻找不同观点是很重要的。做到这一点很简单，只需招募不同的用户类型：当前用户、潜在用户和极端用户。

当前用户

当前用户指使用过产品的用户。这类用户很重要，他们使用过产品，能够描述

注 3：" Toyota Production System Guide，" The Official Blog of Toyota UK (May 31, 2013), *https://blog.toyota.co.uk/genchi-genbutsu.*

出产品如何影响了他们的生活。他们的反馈体现出用户普遍的使用行为，以及他们对产品喜欢和讨厌的方面。更重要的是，他们会分享自己遇到的而你或许尚未知晓的产品问题。

潜在用户

潜在用户指对产品有所期待的用户，而竞品或许已经满足了他们的期待。或者他们曾经尝试过你的产品，但你没有提供足以留住他们的体验，所以他们离开了。这是一个了解他们的机会。

极端用户

当前用户与潜在用户是产品或服务的重要洞见来源，但招募极端用户可以收获意想不到的洞见。例如，假如你正在研究业务摄影师如何构图，极端用户可以是一名拥有电影学位的专业摄影师。极端用户提供的观点会颠覆设计决策，迫使你重新考虑之前的假设。

当然，与极端用户合作，你需要理解什么是"常规"。筛选"常规"用户的过程可以帮助你增加理解。仅针对极端用户展开研究能收获大量新鲜的洞见，尤其当你试图回答一个探索性研究问题时。但这么做也很冒险。

我们建议共同考虑常规用户和极端用户，获得具有比较性的观点。在用户比例上，没有国际通用标准。但我们认为，7～10 人的研究中包含 1 位极端用户，能维持研究的良性平衡。

感慨之言

2020 年，新冠疫情令整个行业陷入停滞，给大大小小的企业带来了巨大压力。当全球性的封锁逐渐开始，一家热门旅游网站的调研团队暂停了所有的调研项目和全球的用户招募。他们知道，相比分享观点和经验，酒店业主们有更重要的事要担心。他们缓慢重启着调研活动，密切关注着克服初期困难并适应新生活方式的从业者们。

4.3 动态二重奏：调研人员与记录员

如果你的调研需要与参与者直接对话，我们强烈建议采用二人协作的方式：一名调研人员和一名记录员。调研人员的职责是与参与者建立关系，推进对话顺利进行。他们建立了真正的联系，对参与者来说是独一无二的，十分和谐融洽。记录员的角色常常被忽视。然而，这个角色是调研过程中出人意料的关键点。实际中，记录员的重要性体现在三个方面：

捕捉对话

记录员的职责是做记录和维护记录设备。做记录并不是一字不落地记下所有内容。记录员需记录谈话过程中突出的相关要点，以作为对话的索引。实际上，有了记录员，并不等于调研人员可以不做任何记录。相反，调研人员可以将更细致的记录工作留给记录员，只围绕对话过程简要记录，比如将对话引回哪些主题，或后续提问的问题。有时可以录音或录像。但得看情况，因为一些参与者在录制状态下会表现得不太坦诚。

辅助采访者

调研人员是首先感受到参与者情绪反馈的人，面对某些话题和参与者时，很费力。观察员可以遵照实地工作指南，在一旁观察，使调研人员专注于提问。观察员也可以提出一些跟进问题。观察员有时被称作"第二采访者"：他们可以插话，提问，并根据需要提供支持。

发现更多上下文

调研人员的主要任务是负责维持与参与者的关系，通过他们找到研究问题的答案。做起来比听上去更困难。由于调研人员完全关注于参与者，难免遗漏上下文中的重要线索。此时需要记录员捕捉细节，如有必要，提示参与者注意这些细节。

你或许注意到了，记录员的职责要求他们与调研人员沟通！确实，在传统想象中，观察员应当保持安静，不问问题，但实际上远非如此。调研人员与记录员的关系更接近于赛车手和领航员：赛车手掌握方向盘，但两人都会参与车辆导航。赛车手更多负责实时操作上的导航，领航员对整个行驶进程进行更好的把控。领航员的旁观职能，赋予他们在分析赛程、制定后续方案上更多思考认知的空间。如果一人表现不佳，协作关系能使他们恢复状态。他们都知道如何驾驶，必要时能独自完成，但协作使他们收获更多。驾驶次数越多，合作就越好。调研人员和记录员的组合也是如此，他们无须指导就能完成得很好。重要的是，合作越多，配合越好。

另一重惊喜：调研人员和记录员的角色可以互换！实际上，两个同样接受过产品调研训练的人，互换角色是很好的实践。如果你是研究新手，可以从做记录开始。你能学习到调研流程，如何提问，以及如何应对计划外的情况。请记住，只有当调研人员无法推进调研时，你才能在调研过程中转换角色。理想情况下，每项调研只能有一名调研人员和一名记录员。用户研究可以没有记录员，但你可能会遗漏细节，使你不得不事后回顾访谈录制。记录员的存在能使这个过程更高效。

我们提到了研究员和记录员，那么其他人呢？还有多少人需要参与访谈？我们倾向于这个数字是 0，或者是 1。参与人数已经是 2 比 1 了，研究员们至少有在负责地工作。增加第三或第四个听众会分散注意力，增加更多记录员也令人心生怯意。研究过程会进行录制，如有需要，相关方可以回看整个过程（一定要获得音频或视频录制的允许）。如果相关方非常希望亲自参与，可让他们担任记录员的角色，而非额外的听众。

这条规则适用于面对面及远程调研。远程调研的录制甚至更加精确：录制参与者与研究员看到的内容完全一致。对参与者来说，2 人参与视频通话和 20 人同时静音观看，感受上是不同的。建立融洽关系是获得有效洞见的关键，在旁观者众多、非私密性的对话中无法建立这种关系。

4.4 准备调研指南

假如调研问题需要采用定性方法——需要与用户交谈或互动——实地指南（field guide）是保持对话顺利进行的基础工具。实地指南浓缩了有关调研的关键信息，使你关注手头上的问题。它提醒你关注调研问题，使你不至于偏离目标。它梳理了对话的结构，使你明确前进的方向。如果不同的调研人员需要针对同一调研项目组织多场调研，那么综合性的实地指南能保障调研的一致性。

实地指南易于准备，对各类研究都有帮助。对一些需要参与者完成任务的研究方法，如参与式设计工作坊或可用性研究，指南文档通常被称作引导指南（facilitation guide）。第 6 章将讨论一些类似的方法。现在，我们看一个现实生活中的实地指南。

4.4.1 实地指南示例

《万智牌》（Magic: The Gathering，MTG）是一种风靡的角色扮演类卡牌游戏。游戏以小组为单位进行，各种不同的策略使每次游戏体验都独一无二。在土耳其伊斯坦布尔的卡迪尔哈斯大学攻读博士学位的 Doğa Aytuna，围绕万智牌和它的社会结构进行研究。Aytuna 和他的同期 Aylin Tokuç 访谈了偶尔玩万智牌实体卡牌（被称作"纸质万智牌"）的人。

让我们看看他们的实地指南。你会注意到，这些问题并非面面俱到。它们只是对话开始的问题。整个指南内容可置于一张 A5（或信纸的一半）大小的纸张，以便塞进笔记本，对照着在旁边做记录。这种做法不是硬性规定，但有助于采访者做记录，了解对话的进度。实地指南没那么神圣，不需要精心向参与者隐藏。但令参与者分心的指南会影响对话的进度。小巧且不引人注意的尺寸更有帮助。

如第 2 章所讨论的，访谈开始前，一定要抛开你的假设，或至少仔细识别并检查假设。我们将逐一介绍这个过程，强调一些指南中需要注意的事项。

纸质万智牌休闲玩家的体验如何？

开始

你是如何学习玩万智牌的？询问他们学习的动机。第一次是在哪个平台上玩，和谁一起玩？他们遇到了哪些困难？

你的第一组套牌是如何配置的？现在是如何配置的？最喜欢的套牌、针对不同颜色的套牌和不同赛制的套牌之间，有多大的相似性？

当你想玩万智牌时，通常在哪里玩，你是如何组织的游戏？在哪里？和谁一起？有多少人参与，什么赛制？

4.4.2 拟定你的实地指南

写下你的调研问题

调研问题是最重要的。如第 3 章中提到的，调研问题需要非常聚焦，且不涉及偏见。

头脑风暴产出访谈问题

运用你偏爱的头脑风暴或协作工具，尽可能多地产出问题。以下是一些如何收集好问题的提示：

- 问题应是开放的，不含引导性。

- 每个问题只应包含一个重点。

- 问题应专注于态度上或行为上的，不能两者兼有。如果将调研方向混在一起，你会发现很难得到清晰的结果。

- 问题不应涉及冲突性。（某些情况下，掺杂少量充分考虑过的启发式问题来促进思考与讨论，或许也是合适的。）

- 尽可能公正地说明你的问题。

- 问题之间应是相互独立的。调研人员应当可以基于对话过程，以任意顺序提出问题。

添加备注

通过详细注释来拓展每个问题。你可以添加提示和标记，例如获取额外信息的后续问题。这些提示（示例中的斜体文字）可以提醒研究人员他们想跟进的内容，包括希望参与者讨论的话题。

这些备注最好以谁、什么、何时、在哪里或为什么开始，例如，"为什么会发生这种情况？""这是何时发生的？""还有谁参与了？"

你还可以记录需要关注的点，比如偏见和先入为主的观念。例如，"不要假设参与者是一名天主教徒。""询问用户参与该项目的原因。""注意参与者可能是其父母的主要照料人。"

加上关于融洽关系的提示也是一个好主意，比如你和参与者之间的关系。哪些内容能令参与者感到被倾听和被理解？与参与者的交流方式决定了你所收获的洞见的质量。

将问题按主题分组

拓展了问题后，将它们按主题分组。这样能够捕捉并去除重复问题，保持问题集的精简。本示例只设定了三个主题，每个主题下有少量问题。主题过多，难以保持专注，同时过多的问题会造成一种审问感。

现在是时候测试一下你的指南了。19 世纪的普鲁士陆军元帅赫尔穆特·冯·毛奇（Helmuth von Moltke）说过，"没有任何计划在和敌人接触后还能有效。"虽然参与者肯定不是你的敌人，但冯·毛奇的观点表明：无论你的实地指南有多全面，你的经验有多丰富，只有当你接触到参与者时，你的问题流程和询问方法才能得到改善。所以，可以把每次研究的头几场作为测试。从被招募的参与者中挑选一至两名用户，从头到尾测试一遍。这么做能确定你的问题，了解所要获得的数据类型。完成测试后，修正你的问题。极端情况下，你需要变更招募策略，所以提前做好准备。如果招募困难，或预算太少，你不想冒险选择一名高质量用户参与一场可能失败的研究，那么试着找一些与目标用户观点和行为逼近的合作者或熟人。

当 C. Todd 在 MachineMetrics 组织设计实践时，他对团队强调的一点是"测试你的测试"。这意味着，他们在计划产品调研时，都会先在内部用户（通常是支持部门或销售）中进行原型测试，然后才会同真实用户测试。这能帮助经验不足的团队成员磨炼他们的用户研究技能。与其他技能一样，练得越多，做得越好。技能的提升能够减少准备和组织产品调研的时间。

制定好的实地指南需要合作

拟定实地指南的过程令人兴奋，但也很艰巨。为了解决这个问题，有丰富产品调研实践的团队会与多个团队协作拟定问题。

Sherpa 是一家专注于数字化体验的设计工作室。准备用户访谈或可用性研究时，Sherpa 团队会邀请客户参与一场问题头脑风暴工作坊。这为他们带来了相关业务经验，所有利益相关方也有机会参与研究。组织者们倾听客户的设想和偏见，帮助自己产出一份真正开放性的实地指南。

Garanti BBVA 的体验设计团队采取了不同的方式。当业务团队想要进行访谈或实地考察时，Garanti 体验设计团队会为他们开设一场培训。他们会介绍基本的偏见类型和常规的访谈问题，分享访谈大纲和清单。培训帮助业务团队将研究问题转化为更好的用户问题，而且只要业务团队需要，可以反复参与培训，无须考虑资源情况。

4.4.3 尝试：改善一份实地指南

假设一家银行（暂且称之为"富裕银行"）聘请了一组研究人员，希望了解用户在其移动应用上的贷款体验。一名研究人员希望你在访谈前检查他们为实地指南准备的问题。你能否给出改进建议？（我们给出了一些问题的答案，但首先你要提出自己的想法。）

移动贷款调研

- 你在我们银行的账户有多少存款？
- 你目前有贷款吗？
- 你是否用过我们银行的其他产品？
- 你每月要还的贷款是多少？
- 你是安卓还是苹果用户？
- 你经常使用我们的应用程序吗？
- 你喜欢我们的应用程序吗？
- 你向同事或朋友推荐我们的应用程序的意愿有多大？

答案

第一遍检查，单独审视每一个提问，修复其中的问题。比如，它是不是一个封闭式的问题？是否对用户有引导性？是否早有了答案？哪些跟进问题能让我们得到更丰富的答案？以下是我们针对实地指南中问题的备注示例：

你在我们银行的账户有多少存款？

    研究人员可以从数据中得到这些信息。如前面提到的，你应当根据已知的信息，为访谈做好充分准备，避免问一些已经知晓答案的问题，浪费访谈时间。

你目前有贷款吗？你每月要还的贷款是多少？

    这些都是封闭式问题，很难得到丰富的信息。试着将它们转换成开放式问题，另外备注一下如何展开更多问题，比如，"你在贷款方面的经历是什么？"然后可以追问一下抵押贷款的信息，特别是每月支付的金额。

你是否用过我们银行的其他产品？

    考虑一下这里的表达。银行家或金融专家知道什么是"产品"，但普通用户可能不理解这个术语。大多数人不会提到银行"产品"。他们提到的是储蓄账户、信用卡和贷款。选择用户熟悉的语言而不是行业术语，能让问题更易理解。另外，如果用户分享了他们使用过的服务，备注一下，继续追问他们的使用体验。

你是安卓还是苹果用户？

这又是一个通过数据就能回答的问题。另外，假如你只是对某一操作系统的用户感兴趣，可以在招募问卷中使用这个问题，而不是在访谈中。

如果用户对移动操作系统的偏好和你的调研问题有关，可以尝试提出更开放的问题，比如"你的移动设备类型是什么？"然后可以询问他们如何挑选移动设备，了解他们的移动使用偏好。

你经常使用我们的应用程序吗？

这是一个封闭式的问题，数据可以给出答案。如果你想了解用户的移动使用情况，更好的询问方式是"使用我们的应用程序的频率是多少？"然后追问他们最近操作的内容和体验情况。

你喜欢我们的应用程序吗？

还记得第 1 章提到的确认式思维吗？这是一个引导性问题，不动声色地引导用户回答我们想要的答案。更好的提问方式是"你如何评价我们的应用程序？"

你向同事或朋友推荐我们的应用程序的意愿有多大？

这是第 1 章提到的净推荐值（Net Promoter Score，NPS）问题。净推荐值被广泛用于衡量消费者满意度，但这个问题很别扭，难以从中挖掘更多价值。一种更直接的问法是"你对我们银行有什么看法？"然后，追问令用户开心的体验，询问他们是否有向他人推荐过。

第二遍检查，将问题按主题分组。以下是一些主题分组建议：

富裕银行的体验

你对我们银行有什么看法？追问令用户开心的体验，询问他们是否向其他人推荐过产品。

*你使用过我们的哪些服务？*比如储蓄、信用卡等，追问他们的体验。

你使用我们的应用程序的频率是多少？ 追问他们近期操作的内容，询问他们的体验。

你如何评价我们的应用程序？1为很差，5为很好。

移动设备上的贷款

你的移动设备类型是什么？ 追问操作系统或品牌信息，询问他们怎样挑选设备。

你在贷款方面的经历是什么？ 追问抵押贷款的信息，尤其是月还款信息。

做完这些后，检查这些主题和每个主题下的问题。这些问题能否收集到你想要的信息？你可以在分组时增加或调整问题。按主题分组有助于思考访谈的情况，及时做出调整。

我们觉得例子中"移动设备上的贷款"的主题有点薄弱。它关注的是智能手机的选择和常规贷款经历。我们建议增加两个聚焦用户行为的问题：

请告诉我你最近寻找贷款的经历。 探索用户在富裕银行的体验和偏好背后的原因。

能向我演示一下你是如何申请贷款的吗？ 询问用户是否使用移动应用程序，使用的是我们的还是竞争对手的。

注意最后两个问题是为了追溯用户的某种行为，而不是为了探究观点。

4.5 制订沟通计划

调整和改动也需要进行合作。让对方时刻了解当前的阶段以及何时需要帮助，能推动合作。沟通计划的目的就在于此。

沟通计划阐述了如何将最近的进度信息传达至项目各方。这其中包括调研实践的类型、频率、产出内容、需要被告知的各方、他们的角色、他们的需求以及所使用的沟通方法。

大型项目的沟通计划可以极为详细，但不要畏惧。以下三个步骤可以帮助你制定一个简单的沟通计划，以便使每个人都了解进度情况：

1. *确定沟通群组。*

   对于多数调研项目，需要和三个群组保持沟通。第一组指调研实施阶段发挥积极作用的角色。和参与者直接接触的任何人，包括记录员在内，都属于这一群组。第二组指调研会波及的人，他们会以某种形式对研究分析有所贡献。通常（以及最好），第一组是第二组的子集。赞助商和高阶影响力角色组成了第三组。这一组可能涉及董事、关键主管和决策人。

2. *定义沟通频率和方式。*

   你需要定义与每个群组沟通的频率。要注意，每个群组的需求不同，对信息深度的要求也不同。积极角色可能喜欢通过 Slack 小组获取每个参与者访谈的实时更新。而主管可能喜欢以单独、精炼、容易阅读的邮件形式来了解进度和最终的结果。要明确同每一群组分享更新信息的方式。

3. *按计划执行。*

   开展每项调研实践时，遵循沟通计划中列出的步骤。大型项目需要让项目经理参与其中。沟通不是单方面的行为，要保持开放心态，迎接合作各方的反馈。他们会提出问题，要求获得更多信息，或提出可能影响后续步骤的建议。如果你多次收到同类型的建议，你的计划可能确实有些遗漏。花点时间调整计划，基于改进版本继续更新信息。

有了计划并不能保证沟通顺畅。组织每一步调研时，要提醒自己遵循计划。如果合作方在你认为应该回应的时候没有回应，你需要通过其他方式联系他们，确认他们收到了信息，并听取看法。注意不要咄咄逼人，试着理解他们有哪些需要。然后基于这些更新你的计划。

4.6 如果无法严格遵循计划怎么办

这也不是世界末日。

调研人员会提前准备，避免产生方法性错误。我们检查调研问题，了解上下文和商业动态。为了了解用户，我们制定明确的假设，从根本上减少偏见的带入，毫无偏见地倾听用户心声。为了得到有价值的反馈，我们精心挑选参与者。我们制定计划，时刻准备处理意外状况。我们预先制定实地指南，在和用户沟通期间保持自己的方向。提前考虑以上这些问题，我们就能降低研究中出现方法性错误的可能性。

不多考虑调研执行方法上的正确性，能使你获得重要的专注力。当我们在调研活动中与用户交流时，专注力是非常重要的。当你知道自己采用了正确的方法，找到了合适的参与者，和伙伴一起记录访谈信息时，调研执行的方法就没那么重要了。这样，你就可以全心投入在用户沟通上。如第 5 章将提到的，全身心地投入，心无旁骛地关注用户，是建立用户同理心、理解用户的关键。

为调研做准备并不意味着完美无缺。目标是使你的调研方法具有连贯性和意识。它也不是纯粹的一致性，如果有必要，可以临时修改你的问题和提示。我们已经数不清有多少次手拿调研指南出门，到达客户现场，问了第一个问题，然后在对话出现意外时即兴发挥。

做调研计划，就像准备一场多道菜肴的晚宴。你可以选择在客人到来时烹饪菜肴。但这么做，你就得完全投入在烹饪上，无法招待客人，或有所分心，导致当晚菜品无法达到你的最佳厨艺。如果你提前准备好一切，那么对所有人来说，这将是一个更加难忘而畅怀的一晚。这样一来，你也能更好地招待客人，一同享用美味菜肴。

我们和用户共同完成的所有调研实践，如访谈、可用性研究或眼动追踪，也都是类似的道理。熟悉实践流程，有助于更有效地收集洞见。这个流程包含了确认调研问题和假设，寻找用户，与用户一同实践，实践的同时开始进行初步分析（详见第 5 章）。基于实践的沟通计划，有助于将调研进度信息分享给合作同事以及各利益相关方。

你会发现，实践得越多，准备得越充分。我们会在第 9 章介绍如何将调研变成一种习惯。

4.7 真实案例：如何确定视频通话能够拉近人们的距离

新冠改变了我们的工作方式。2020 年，在撰写本书时，我们不得不将活动范围限制在家里，我们开创了一些方法，借助视频通话远程聚在一起，不只是工作和会议，也包括生日庆祝、派对甚至是结婚典礼。虽然视频传递了同等的信息，但我们却失去了相处在同一空间下的人文氛围。

负责微软协作软件（集成了聊天、语音通话和文件存储的远程协作软件套装）的团队，一直在探索如何通过视频通话令参与者感到更多的连接感和相聚感。研发最新的一项功能时，他们希望打造围坐在会议室中，或相聚在休息室桌子喝咖啡的感觉。

他们的解决方法称作共聚模式（together mode），一种用于多人视频通话的特别模式，它将参与者虚拟化地置于模拟的真实环境之中（如图 4-2 所示）。例如，如果你在远程授课时使用了共聚模式，视频画面不再是各参与者画面拼接而成的视频网格，它看起来像是一间教室。

好酷！但该团队想知道该功能是否真正达到了他们最初的目标。共聚模式能否让人们感到他们仿佛真的坐在一起工作？以及如何衡量相聚的感受？

为了得到答案，我们组织了一场可用性研究，在参与者工作时监控他们的脑电波。他们招募了三组参与者，共 20 人左右。一组在同一物理空间一起工作，一组使用标准视频模式远程工作，另一组使用共聚模式。调研人员发现，和标准视频模式小组相比，共聚模式小组成员的脑电波更加接近于同一物理空间小组成员[注 4]。

这里的方法选择很重要。微软本可以通过对数百名用户进行远程可用性研究，而不是监测一小部分人的脑电波，从而节省大量的资金。或者微软可以向成千上万的人发出调查，了解他们在使用共同模式时的感受。一个远程的、没有主

注 4：想了解更多，可阅读微软远程协作模式的相关研究（*https://oreil.ly/qEWGa*）。其中也有涉及共聚模式的部分（*https://oreil.ly/ttcMq*）。

持人的可用性研究或调查会比带有复杂仪器的可用性测试容易得多，也更便宜，而且可以接触更多的人。

图 4-2：微软团队最新产品，共聚模式

为什么微软的调研人员没有使用这些方法？因为这些方法不能给他们的问题提供可靠的答案。自我报告的方法，如调查或远程的、没有主持人的可用性研究，可以用很小的代价得到一些结果，但对于他们所需要的特殊性来说，这些方法还不够可靠。该团队对特定情况下的具体感受很感兴趣，因此选择了一种允许他们研究认知信号的方法。他们可以非常自信地回答他们的调研问题。

4.8 要点总结

- 调研准备是成功的关键。就算经验丰富，可以有一些临场应变，也不能完全跳过该环节。

- 我们应根据产品阶段与预期来选择调研方法。此外也要考虑自身的调研能力、方法成本及用户招募成本。

- 选择最简易的方法，或许无法得到期望的答案。

- 找到一群乐于给予反馈且多样化的参与者，是很宝贵的。无论线上线下，你可以到他们常去之处，找到合适的人。

- 你可以通过一些条件筛选适合的候选人。

- 调研人员和记录员搭档，能使调研更加高效、更有乐趣。

- 将调研进展同步给感兴趣或受其影响的人，有利于他人及时提供帮助，或促进调研发现转化为可执行的任务。

- 如一切未能按计划实施，也无须受挫。在与用户对话时，你还有许多沟通的机会。多花一些时间分析考虑这些情况，不断从错误中成长，在分析中调整。

你的团队在针对用户建立融洽关系与
培养同理心方面做得如何?

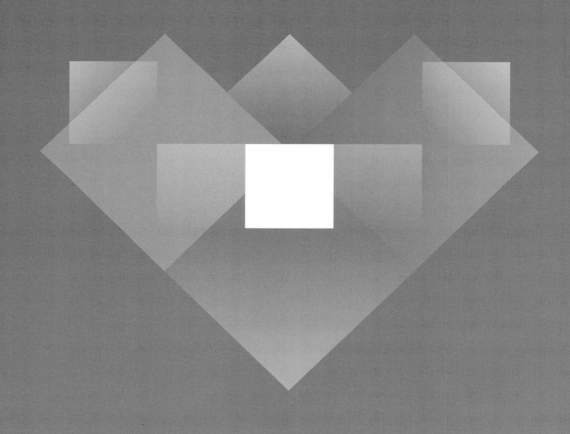

第 5 章

访谈是一项基本技能

与用户交流极为重要，而如何与他们交流同样重要。

April Dunford 是广受赞誉的 *Obviously Awesome*（Ambient 出版社）的作者，也是全球公认的产品定位专家。她与我们分享了在职业生涯早期的一次用户访谈经历。当时，她所在的公司推出了一款新的数据库产品，进行了大力推广，同时也保有很高的销售期待。结果仅售出大约 200 份，惨淡收场。"而且是 100 美元一份。"April 解释说，"完全入不敷出！"

April 是营销团队的新成员，所以上司建议她至少和一半用户进行沟通——也就是 100 人——以确保用户不会因产品关停而太过气恼。"所以前 20 场对话，用户大概是这样回应的：'我们没买过这款产品。稍等一下。有的，不过只是随便看了看，没用过！'"

进行第 21 场对话时，"托尼（这位用户）告诉我说：'我太喜欢这款产品了。天哪，它就像魔法一般，完全改变了我的生活！'但我没告诉他我们会关停它。他说：'谁也别想把它从我身边拿走。'"April 深入了解后发现，托尼非常喜欢这款产品，是因为现场销售团队能及时便捷地汇报情况并更新销售状况。（这个故事发生在 SaaS 和遍布各处的无线网络出现之前。）

后续 15 场对话和前 20 场类似，April 又发现了一位狂热粉丝，他为当地一家服务团队工作。类似的用户对话不断继续。最终，April 向她的老板汇报时说："如果我们关闭产品，好消息是受影响的用户很少，坏消息是其中 5 位用户会相当抓狂，这款产品革命性地改善了他们的业务。"

于是，团队决定聚焦用户。作为实验，他们将产品定义为企业级产品，并将定价由 100 美元提高至数万美元。你猜结果如何？它成功了！这款产品（及公司）取得了轰动性的成功。

产品是有用户价值的，只是初期的用户定位不妥，造成了销售的低迷。如果 April 没和这 100 位用户对话，她的团队绝不会发现这一点。尽管业界对定量数据情有独钟，但她认为："我们取得的所有重大突破都源于定性用户洞见。"用户对话就是如此重要。

5.1 对话风格

对话是定性用户研究的核心。无论是组织一场访谈，开展一次可用性研究，还是在呼叫中心倾听用户投诉，都需要通过对话了解对方。当两人对话时，对话目的及彼此之间的动态关系，决定了对话的风格。本章中，我们将介绍 5 种不同的对话风格，以及如何在访谈中识别它们：

悠闲式对话："嘿，最近日子过得如何？"

戏剧式对话："我是否满足了观众来到这里的期望？"

问询式对话："他们有答案；我需要让他们讲出来。"

劝说式对话："我要说服这个人做某些事。"

共情式对话："我很好奇这个人在想什么，做什么，或者有什么感受。"

对话风格是参与者自由诚恳交流的钥匙。April 的对话风格使她收获了重要信息。

对话风格追求一种被称为共情式对话的风格。其他风格并非不好；它们各有价值，也能令人成长。但对于产品调研，共情式对话能收获最为丰富的信息。

5.1.1 追求其一，避免其他

让我们依次了解这些对话风格。（为清晰起见，我们将把发起对话的一方称为采访者，另一方称为参与者。）

风格 1：悠闲式对话

"嘿，最近日子过得如何？"

在悠闲式对话中，参与者是愉悦轻松的，不会过度坚持主见。对话没有实质性议题，是自然流动的。悠闲式对话大多为朋友之间的聊天，闲暇的午餐约会，以及喝咖啡时的叙旧。

闲谈的目的是建立个人联系，当然，也为了开心！正因如此，谈话的结构非常松散。假如你把这类对话看作访谈，便会难以区分采访者和参与者。只要双方享受其中，对话就可以或多或少不断继续下去。

风格 2：戏剧式对话

"我是否满足了观众来到这里的期望？"

戏剧式对话是面向观众的对话。可以完全依照剧本，或完全临场发挥。观众也许和对话双方处在同一空间，或以异步方式收听。对话的目标是令观众感到有趣。这类对话通常为喜剧，播客或脱口秀节目中的客串谈话，以及大型会议。

对话的方向取决于观众的期望，而非研究问题。如果有利益相关方在场，你又特别期望他们认同对话内容，选择戏剧式对话风格会很冒险。想象一下这个画面，一场小型团队会议中，由于用户的加入，10 人的会议突然变成了 2 人对话，其余 8 人观看。

风格 3：问询式对话

"他们有答案；我需要让他们讲出来。"

问询式对话以信息收集为核心，是一种研究中非常普遍的对话风格。采访者想要获得某种信息，且认为参与者知道，甚至极力回避披露这项信息。采访者觉得他们必须推动参与者说出隐藏的事实。参与者或许没什么隐瞒，但采访者依然会以猜测为前提进行交流。

这种对话是不平衡的，采访者处于强势地位，比如一位生气的经理和雇员之间关于为何未完成某些目标的指责式对话。在产品调研中，问询式对话可能是，一位负责企业资源规划解决方案的产品经理，询问运营员工管理库存的方式，以了解员工为何被怀疑表现不佳。

问询式对话通常以单方提问的方式进行。采访者通常以自己的目的询问，探寻事实并验证设想。对话几乎不存在同理心，因为对话的特点是发现被隐藏的信息。在这类关系中，采访者期望掌握主动，而参与者往往主动反击。当采访者获得了信息或放弃对话时，对话就结束了。

风格 4：劝说式对话

"我要说服这个人做某些事。"

在劝说式对话中，采访者会试图采用不同技巧，说服参与者做某事或接受某些要求。通常包括某种价值交换、保证或争论。例如，推销或请人帮忙。

整个谈话的结构类似于一场狩猎。采访者会积极寻找他们能利用的突破点，以占得上风。对话会一直持续到采访者说服参与者，或参与者打断采访者为止。参与者结束对话后，依然有可能继续劝说式对话。

现在你已经知道了哪种方式不该做，我们接着了解最后一种更有用的对话风格：共情式对话。

风格 5：共情式对话

"我很好奇这个人在想什么，做什么，或者有什么感受。"

共情式对话的目标是建立联系，接受真实的对方，在不含偏见或评判下理解他们的经历和世界观。这种对话能使你以一种其他对话风格所不能及的方式，与对方建立联系。这种对话的特点是真心的投入与倾听。说起来容易，做起来难。例如，这类对话常发生于彼此接纳的夫妻之间，随时间推移建立了良好友谊的朋友之间，或好奇、谦逊的游客与当地人之间。

交流通常围绕某些兴趣点展开，但也会在相关话题中展开。采访者提出问题，引出相关经历的细节和叙述，并试图了解参与者的行为与态度。有时，采访者为了更好地了解参与者如何感受周围世界，会向参与者提供一项任务。令对话进入一个看似无关的切入点时，可以收获有趣的信息。（即便如此，为了得到调研问题的答案，必要时应重新引导对话方向。）

共情式对话是最适合产品调研的方式。采访者能在不咄咄逼人的前提下引导对话。参与者能在一个更包容的氛围中分享经验与想法。我们仅需留意对话的走向，谨记自己的目的是带着好奇心了解受访者，而非取悦他们，审问他们，或推销什么。

5.1.2 有效的访谈模式

有效的访谈有一些通用的模式。访谈开始通常是精力充沛的，甚至是有趣的。为了令参与者感到放松，采访者会采用悠闲或戏剧式的对话风格展开对话。事实上，有时采访者更需要放松，所以他们会采用更欢快的语气，令自己适应这种场合。接着会过渡到另一阶段。这个阶段，采访者会降低他们的欢快语调，温和地转向富有同理心的对话中。这通常发生在谈论调研目标、免责声明和同意书的时候。

好的采访者能在大部分时间内保持同理心对话。避免悠闲式对话并不等于不能微笑或表现出热情。只是要注意，访谈的目的并不是让自己感觉良好、开心，或是取悦参与者。

当访谈进入尾声，采访者需要采用共情式对话。这很重要：询问结束时，或许参与者还有一些信息想要分享。采访者应秉持更具同理心的对话方式，尤其是对于敏感话题。参与者的回答可能会刺激你的神经，诱导你采取防御性及批判性的语言风格。假如参与者心理上受到了刺激，你的语言风格或许应该是治愈性或悠闲式的（"会好起来的！一切都会好起来的！祝福你……"）。研究不是治疗，这种方式不妥。虽然你言辞友善，希望参与者感觉良好，但朋友式的关切并非目的。

总之，一场对话可以同时存在 5 种对话风格，并且是灵活多样的！假如一场对话由某种风格开启，接着转变为另一种风格，这不是失败，而是说明你注意到了这种转变，正在调整合适的风格。

现在，你已经熟悉了这 5 种主要的对话风格，接下来，我们一起在访谈中运用起来。

5.2 什么是访谈

大多数产品人会说，访谈是向用户提出一系列问题。从他们的答案中深入了解用户的行为、想法和感受，运用到自己的调研中。但这是了解用户的最佳方式吗？询问更像是一种审讯。真正的访谈不是一连串问题，更不是一场简单的两人对话。访谈是一场通过建立连接而产生的问与答的过程。访谈中收集的洞见不仅来自用户的回答，也包含对用户答案背后的解读。掌握了这一点，就掌握了所有调研方法的基础。

访谈需足够开放，以收集所有未曾预料到的问题反馈。也应是有目的性的、深思熟虑的：一场有计划的基于为调研问题收集洞见的对话。如此，如何平衡创造性的思维模式与结构化的访谈方法呢？首先，我们来了解访谈的定义。

英文中的访谈（interview）一词源自法语的名词 entrevue 或它的动词形式 s'entrevoir，最初用于描述与皇室的正式会面。请注意场景中人物权力的不对等：会面需得到寻常人无权接触到的角色（皇室成员）批准，才能开始。

阿拉伯语对该词有另一种解释。访谈在这里意为 mulahqat，指面对面地与某人相见，以及接待和招待某人。相较于法语，这种定义表达出平等的含义，参与者拥有对等的地位。有点类似于汉语词汇中的访问，它的含义接近，但平等的意思更重[注1]。

产品研发中，访谈以获取洞见的过程融合了这些要素。通过访谈，我们了解到用户日常生活中不为熟知的方面。我们与用户面对面交流，了解他们的需求，他们满足这些需求的方式，以及寻找解决方案时所遇到的挑战。我们了解到用户的日常行为过程，收集到大量丰富的关于用户想法、感受及行为的信息。

这种询问需要以一种私人化的对话形式进行。但与朋友闲聊的方式不同，采访者是有目标的。我们需要将对话保持在研究问题的范围内，同时倾听那些额外的能带给我们独特见解的信息。

访谈是一种复合型的研究方法。它具有开放性，具有深入挖掘问题的能力，可用于生成性、描述性及评估性的研究项目。它也适用于不同的研究阶段。为了获取最丰富的信息，我们需要明白，访谈的方式取决于访谈目的及时间点。

5.3 访谈当日：准备访谈

如第 1 章所说的，你不能随便走进一家餐厅，随机询问一些问题，就称之为访

注 1：Pleco Basic Chinese-English Dictionary, cf. fǎngwèn (Beijing: Foreign Language Teaching and Research Press, 2017), iOS app.

谈。在第 4 章，我们学习了如何计划和准备访谈，包括方法的选择、参与者的寻找和访谈大纲的创建。访谈当日的准备工作，也将令访谈更加顺利。

访谈建立了一种私人化的沟通方式，因此你很容易被访谈环节压制。此情况发生时，调研的质量会有所下降。你将很难专心倾听，难以关注到细节，思想游离。采访者丧失注意力后，前期的诸多准备便没有用途了。精心选择调研问题，挑选合适的用户，编写丰富的调研大纲，却因未做好访谈的准备而浪费了，一切都是徒劳。

如何做好访谈当日的准备呢？任何调研人员都明白，访谈结束后，我们可能再无机会获得更多信息。因此，遵循一种结构以确保毫无遗漏将极为重要。为了做好访谈前的准备，获取最丰富的洞见，你可以做这三件事：

熟记访谈计划

反复细看访谈大纲，回顾调研问题与产出的过程。熟悉参与访谈的人员名单。

照顾好自己

疲劳、饥饿和口渴都会妨碍访谈的顺利推进。访谈前，请保证充足的睡眠、进食及水分摄入。在洗手间整理好自己，再与参与者见面。

了解咖啡、茶或烟草对自己精神状态的影响，控制好用量。Aras 总喜欢访谈前来一杯淡茶，而他的父亲喝茶后很容易睡着。你最了解自己，所以要找到令自己精神焕发的方式，全身心投入访谈。做一些调节身心的事，也能令你得到相应的放松，令你从其他事情中抽离出来，专注于访谈。

照顾好你的搭档

假如由你担任采访者，你的记录员搭档将成为访谈时的得力助手。他们记录的关键要点对后续分析非常重要。针对访谈大纲，记录员能够补足缺失的关键问题，或指出有趣的跟进策略。他们能够在你陷入情绪化，发脾气，或遗漏了参与者提供的信息点时，给予支持。请在访谈前花点时间相互了解，最好能一起温习访谈大纲。

你也要注意，照顾好身体的同时，也要保持好的情绪。你是调研的核心角色，情绪状态对访谈的成功作用巨大。没人能瞬间调控自己的情绪，除非他们是佛教徒。因此，与其控制情绪，不如提升注意力。去访谈前，处理好工作邮件、信息和其他令人分心的事情，这样一来，你就可以完全专注于研究。

有一个小技巧，尤其当你在一个非常感兴趣的场合进行采访时：申请使用现场的卫生间，即便不需要，也可借此对现场环境进行一个简短适当的了解，为访谈搜集一些素材信息。你或许会走过咖啡厅，注意到墙上的东西，或注意到其他环境的细微差异，这些能为你提供沟通的主题。访问工厂、工作场所或公司大楼时，更适合这种方式，而访问家庭、宿舍或私人房间时，则不太合适，甚至会侵扰到对方。

5.4 访谈中

我们了解到，准备工作是成功访谈的基石。定义了研究问题，选择了合适的访谈对象，准备了实地访谈大纲，自己也照顾得很好，接下来，便需要开始和参与者进行对话。

所有访谈刚开始时，采访者与参与者都会有些疏远。这很自然，采访者掌控了谈话的目的与主题，希望参与者配合。无论精心准备多久，每位采访者都带有同样的目标：减少彼此之间的隔阂，自由顺畅地开展对话。

一个好的开启访谈话题的方式是介绍自己，概述你的研究目的，以及今天访谈的目标。注意，不要透漏过多的项目细节。参与者无须知晓这些！此刻是获取参与者同意声明的好时机，声明可以是头口或表格形式，取决于你所需的声明类型。

这个时候也适合自然开启一些话题，比如天气如何？昨晚游戏谁获胜了？路上塞车是不是很严重？虽然这一步看似无足轻重，但许多访谈由此开始脱离了主线。采访者通过悠闲的对话方式，使参与者感到放松，或许再未切换至访谈所需的共情式风格。要把控这段早期对话的发展，谨记实地访谈的目的是倾听并了解用户，而不是开展一段悠闲的午后闲聊。闲聊片刻无伤大雅，但注意访谈时采用更具同理心的方式。

随着实践越来越多，需要避免重复性产生的问题。连续与多位参与者进行对话，很容易令人进入一种机械执行的状态，开始对问题变得不敏感，不再对参与者产生好奇，询问只是为了得到回答。你要时刻提醒自己，每场访谈都是一次全新的对话。问题或许相似，但每一次的访谈经验都将不同。

避免此情形的方式之一是参考访谈大纲。以访谈前定义的问题作为对话的参照，并选择一个适当的问题作为开场。不过，访谈大纲本身并不是一份调研表，不必完全遵循它，也不必受限于大纲定义的问题。可以提一些超出大纲范围的后续问题。问题很简单，比如"能否跟我多讲讲这些？"或者"你上次这样做是什么时候？"之后你会发觉，提出的后续问题比大纲定义的内容还多。这无所谓，只要谈话的重点围绕之前定义的主题和研究问题展开即可。

提出问题后，你只需做一件事：保持沉默并倾听。用肢体语言传递你的真挚态度。保持目光接触。不要一直盯着参与者，想象一下那种邀请性的眼神："请继续，感觉你接下来说的内容会很有意思。"如果参与者向你展示了什么，立即看过去。即便有时你想说，"天哪，是的，确实如此！！！"也请保持温和而中立的手势与反馈。我们总是认为公开表达友好态度有助于建立融洽的关系，实际情况并非如此。访谈风格会进入一种悠闲的状态，对收集洞见没有帮助。

保持温和中立的态度，不等于压制情绪。如果参与者分享了一段令双方感到悲伤的经历，自然且尊重地表达情绪就好，不要过度缅怀，或将对方带入这种情绪。如果他们介绍了一段很开心的故事，你也感同身受，自然流露喜悦即可，不要过度发展成一场欢声笑语。有时你会被对方的情绪裹挟，久久难以平复。访谈之后，你可以向记录员搭档倾诉，化解这类情绪。

假如你听从我们的建议，访谈氛围会从参与者感受到你的真挚的这一刻起，悄然改变。之后无论你询问什么，都能得到更丰富的收获。他们揭掉了社会人的面具，表达得更加真诚，他们提供更多的背景信息、生动的细节，甚至一些针对性的观点。他们也会分享经历，表达情绪。这个阶段，他们能提供更有价值的洞见。这个时刻，你会感受到访谈与发送问卷的差异，即便提供相同的问题。Steve Portigal 将这一刻总结为从"问题－答案"到"问题－故事"的完美转变[注2]。这个转变可能出现在最开始，访谈最后，甚至访谈结束之后。也有可能根本不会出现。访谈技能实践得越熟练，越能更好地拉近与参与者之间的距离，越有机会在沟通中开启这一刻。

注 2：该表述来自 Steve Portigal 的著作 *Interviewing Users*（Rosenfeld Media；中文版为《洞察人心：用户访谈成功的秘密》）

对参与者来说，很难敞开心扉回答问题。提前准备（和有时预演过）的问题往往很尖锐，涉及一些参与者通常不愿向他人分享的经历。一部分参与者感到不适时会拒绝回答，这很正常。了解他们的感受，继续下一个话题，看其他方面的问题能否令他们更自如。访谈不是审问，没有获得每个问题的答案也没关系。有时，有些参与者以一种带有消极攻击性的方式回应问题，把问题转回给你。这种情况，尽量拖延至访谈结束，或给一个常规开放性的答案。如果单纯强调访谈是针对他们的，可能会适得其反，将对话变为一种评价性的风格。这会增加与参与者之间的距离与隔阂。

访谈几近结束时，你需要做两类总结陈词。首先，从访谈角度总结。概述他们分享的信息，避免添加主观评价，比如"……这些很棒"或"……这些很精彩"的表达。尽管你的初衷是好的，但这些表述说明答案包含了两面性，正确或错误。

这个时候，可以向参与者赠送奖品或礼物。但不要放松，了解他们是否有任何问题。有些参与者会利用这个机会，询问其他人的回答，你会如何处理这些答案，或当天你是否还有访谈安排。有些参与者会向你提出相同的问题，没关系，此时可以回答。

第二，从人的视角总结。你可以表达访谈中克制已久的个人情绪。访谈中会遇到一些深深触动你的故事，如失去亲密的人或个人创伤，你或许有一些回应他们的冲动。访谈过程中，你可以接受他们及自己的感受，但那一刻，你必须聆听。假如想分享自己的感受与经历，且对方也愿意倾听，结束时再说。你不是心理治疗师。如果他们需要心理支持，请他们寻求专业帮助。如果他们遇到了产品上的困难，你可以提供这类支持。你的用户可能对某些功能感到困扰，或不知道有效的使用方式。把握此次机会，分享一些产品窍门。

此外，通过之前的访谈了解，你可以分享一些对他们有用的信息，比如推荐一家你钟爱的餐厅或折扣网站。

最后，访谈结束后，记得和记录员小伙伴一起进行初步分析。我们将在第 7 章具体介绍。

5.5 远程访谈

每当看到"访谈"一词时,你或许会想象 2 个人坐在一间屋子内的画面。这种面对面的方式,是一种最常见的访谈形式。调研人员偏爱这种形式,因为能与参与者共处一个空间,建立更融洽的关系。采访者可以看到对方的手势,双方可以通过身体语言表达自己。实地访谈中,采访者能够看到参与者(或团队或家庭)如何安排和装饰他们的环境。这些对于明确问题与后续分析提供了充分的背景信息。

即便不得不组织远程访谈,也算不上世界末日。事实上,虽然参与者和你处于不同空间,你能做的也远不止问卷调研。有许多方法可以运用于远程访谈。不幸的是,撰写本书时,新冠的肆虐迫使我们学习远程互动的方法。可能大多数面对面的调研活动将不得不通过远程的方式进行,直到我们找到抑制病毒和治愈的方法。否则,即便我们没有感染疾病,一些人出于对个人安全的高度戒备,也将持续选择远程交流的方式。

虽然远程访谈依赖于不同媒介,但应当像面对面访谈一样对待。你应当更加留意访谈中的细节,因为远程建立融洽关系更加艰难。

关于沟通媒介,视频或电话访谈均可。我们生活在一个网络化的时代,习惯了手机视频聊天,对于大多数人而言,远程和面对面无异。视频方式会很不错,因为可以看到参与者。当然,可能会出现网络连接问题,影响正在建立的关系。环境嘈杂不成问题,大多数视频会议软件和笔记本电脑都有不错的背景噪声过滤和回声消除功能。假如无法视频沟通,选择已经普及的电话形式也行。但环境可能比较嘈杂,也无法看到身体语言细节。

许多时候,即便可以面对面,也会倾向于远程对话。远程中,参与者对私人空间有更多掌控,会更放松。距离也令他们更有安全感。例如,如果研究对象是弱势群体,远程能保护他们的身份。如果研究对象是身处高危地区的人员,出于安全考虑,也会选择远程进行。(我们在全球新冠大流行期间完成了本书,所以要注意安全!)还有,远程访谈中,双方距离更远,关联性更弱,所以可借此讨论敏感或深刻的个人话题。相比面对面,许多参与者认为,自己更容易同电话另一端的人敞开心扉。然而,远程访谈中,容易忽略参与者的情绪状态,所以要注意把握尺度，适时退让，不要给对方太多逼迫感。另外，很难通过语音渠道与对方建立良好联系，也无法判断对方的表述是否有编造成分。

最后，不要忽视视频沟通产生的倦怠问题。一些讨论指出，新冠大流行期间的视频会议使我们的大脑超负荷，因为我们需要从小小的屏幕视频中读取对方的身体语言。无论调研人员或参与者，这种情况都切实存在！

"假如我婚姻幸福……"

早在新冠出现前，Motivate Design 的 Mona Patel 就开始采用远程方式。在某贷款软件项目的测试中，公司选择了远程访谈，为的是覆盖更多地区，降低预算并缩短时间。由于身处不同空间，参与者能够敞开交流更多深入的话题，不只是如何在移动设备上填写申请表。

其中一名参与者向 Mona 演示了填表过程。姓名栏有一个选项：你可以以个人名义或配偶双方共同申请贷款。Mona 询问参与者的选择，意想不到的事发生了。对方回答道："假如我婚姻幸福，我会选择后者。"实际上，选择第二项的初衷是考虑到远离彼此，甚至离婚的情况。所以，访谈不仅考虑可用性，还会了解到用户更深层的需求。Mona 认为，躲在屏幕后面，能让她听到选择背后的真实原因。

5.5.1 视频访谈技巧

借助以下几个小技巧，视频访谈的体验也可如面对面一般：

- 如条件允许，尽量选择笔记本或台式计算机，而不是手机，坐下来沟通会更放松。备好充电器。

- 确保硬盘空间充足以存储访谈记录。有些视频会议工具支持云端录制保存及后续下载。如选择云端录制，请确保录制信息没有违反任何针对参与者及采访者的信息数据保护条款。

- 退出其他应用或切换不同的系统账号。这么做可以少量提升性能，但主要目的是将注意力放在参与者身上，避免受其他即时信息干扰。

- 提前测试网络连接，准备一种备用的连接方式（如热点），以防出问题。

- 架起笔记本电脑，让摄像头位置与眼睛保持平齐，或略低于眼睛。如果你和搭档在同一个房间，调整摄像头，使你们都能出现在画面中。不过有时，每个研究人员单独登入会议，效果会更好。如果你们两人很难均衡地出现在画面中，搭档可以坐得靠后一些，保证面部是可见的。如果你独自组织访谈，要摆出"新闻主播"的状态：肩部挺起来！尽量找一个光线好的地方，这样面部画面更清晰。肢体观察和表达也更容易。

- 调整摄像头，使你的面部和手都能被看到。这样，参与者可以看到你的肢体动作。如果不介意的话，你也可以请对方调整摄像头。

- 尽可能一直看向镜头，能让对方和你的距离更近。有些调研人员甚至会在摄像头旁贴上眼睛贴纸或画着小脸的便签，不断提醒自己。不用担心笔记做得不够完善，你可以通过录像回顾细节。

- 像"嗯嗯"和点头之类的反馈是非常重要的，可以令对方感到被倾听的尊重。遗憾的是，面对面时不太明显的表达可能无法在视频中被关注到。可以稍微增大你的声音和面部的表达，使参与者能够清楚地感受到。

- 相较于面对面访谈，在视频通话中建立融洽的关系难之又难。造成这样的一部分原因是，当你盯着屏幕时，看起来似乎没有与通话者保持眼神交流。这个怪现象没有逃过苹果公司的眼睛，它在 2019 年推出了一项用以解决视频通话问题的新技术。iOS 13 版本中，FaceTime 借助现实增强技术监测你的视线，通过细微调整画面，让你看起来是直视着通话对象。

- 考虑参与者视频设置会花费的时间。这对视频访谈很关键，比如可用性测试可能需要他们共享屏幕或使用多个设备来完成。

- 如果参与者使用的是智能手机，建议他们将手放置于固定的地方，以便更放松地与你交谈。

- 如果可以，请使用耳机。考虑到外观影响，无线入耳耳机最好，有线入耳耳机也行。不要使用 DJ 或游戏专用耳机。它们虽可提供高质量声音，但造型会令参与者分心。是的，风格不必太多，一点点就好。

- 手机视频可以有更多创造性的使用方式。例如，参与者可以切换后置摄像头，向你介绍或展示他们如何完成日常的某些任务。

- 假如你想要广泛采用视频访谈的形式，可以以"记者"的身份招募参与者和助手。参与者执行任务，而记者记录执行过程。

- 想令视频调研过程如真实走查一样有效丰富，需要慢慢来。要求参与者放慢步骤，耐心听取他们的表述。重复你所看到的和你认为他们正在做的事情，补上参与者语言停顿或空白的地方。这个过程比现场走查要慢，所以要相应调整每个环节的时长与内容。

处理好以上细节，将有助于关注对方，更轻松地建立紧密的沟通关系。

5.5.2 电话访谈技巧

视频访谈的技巧大多也适用于电话访谈。归根结底，是要尽量当作面对面访谈来对待。

- 使用耳机，表现得如同面对面。选一张舒服的椅子坐下，挑一个安静私密的地方展开访谈，想象对方也处在同一空间。此外，穿上面对面访谈时的着装，也会有所帮助。
- 使用了耳机后，双手可以空出来传达手势。手势与姿势可以传达信息，是肢体语言中非常重要的两个部分，即使对方没有看到，它们也能更好地表达你的感受。
- 当你传达重要的肢体手势时，也要用声音表达出来。例如，如果你在点头，就温和地"嗯嗯"。如果你因疑虑眯起眼睛，就"嗯?"或简短的"哈!"轻柔地发声，避免打扰对方。不要发出一段节奏性的"嗯 – 嗯"，这样会分散注意力，打断整个环节。将这个环节看作肢体语言的声音。

重要的一点是，提醒自己正处于手机访谈的环节，而不是和朋友或同事闲聊。

5.6 记录对话

希望上一节能让你知晓，研究中与参与者交谈并倾听有多么困难。集中注意力，管理自己的反应，注意周围环境，以及捕捉参与者语言之外的信息，都不容易。做记录会令这些更加困难。幸运的是，结构化的记录方法能令你更好地关注参与者。

5.6.1 结构化记录

关于在调研中做记录，最大的误解是必须逐字记录。许多新手调研人员认为，应当记录每个细节，那么回顾记录时便能还原对话现场。他们还错误地认为，记录等同于关注。他们觉得，逐字逐句写下听到的内容，就能将注意力集中在内容上，而非陷入其中涌现的观点和想法之中。

产品调研中，过度记录是无意义的。如果你不是一个有经验的速记员（掌握了速记字母表，能以极快速度逐字记录，比如法院聘用的记录员），就难以留意到对方描述的内容，以及他是如何描述的。逐字记录需要消耗大量注意力与耐力，要聆听并以最快的速度记录对方的话，同时记住没能写在纸面上的内容，并快速跟上接下来说的话，极其困难。而且，如果不能真正并全身心地投入在参与者身上，融洽的沟通关系无法建立，对方表述内容的质量也会严重下降。

结构化记录有两重目的。一是将观察与观点和解决思路分开。当你听到新的令人兴奋的故事时，很容易归纳结论。结构化记录迫使你在记录时不去思考这些。这么做简化了过程，便于捕捉重要的信息点。然后，以这些记录为索引，在录音中回顾更多细节。

第二重目的是突出主题，以便后续回顾思考。调研过程中，有些信息很有启发性，确实能引起你的注意。简单地记录一下，可以添加个人的思考，但对话过程中，思维不要在此处停顿太久。有了结构化的记录，后续你和调研伙伴可以一起解读这些信息（详见第 7 章）。

以下两种方法将帮助你实现这些目的：模板和速记符号。接下来我们来讨论它们。

模板

记录模板帮助你在倾听时关注重点。模板类似于一个可填入信息的简单表格，提示你留意对话中的不同方面。调研使用的模板提示你记录访谈的常规过程，关注差异点、不一致之处及行为模式。或许你在学生时期记录课堂笔记时使用过结构化方法。目前比较流行的是康奈尔笔记法（*https://oreil.ly/zNa6C*），记录页面被分为 3 栏：总结、笔记与问题。

医生记录病人信息也采用一种结构化模板，称作 SOAP 笔记法。SOAP 分别代表主观（Subjective）、客观（Objective）、评估（Assessment）与计划（Plan）。模板提示医生们记录哪些内容，并传达给其他医务人员。这种结构有利于其他护理人员更好地了解病人的病史和措施，有助于电子化笔记的分类与检索。

调研环节中最大的挑战是处理不断涌入的数据，同时维系访谈流程。如按照书中列举的原则执行，你会得到一组不错的问题，并在合适的参与者中进行探索。这些会产生庞大的数据，必须从信息洪流中挑拣合适的部分。

沟通的过程能令人分心。当参与者分享了一个精彩的见解，你或许会灵光乍现，大脑迅速进入解决思路模式，思索未来的情况和可能的改进措施。被精彩的信息和想法包围值得欢呼，但此刻，这些想法会令你分心，干扰高质量对话的自然推进。

你需要区分三种调研记录的信息：观察、思考和行动。

观察：看到或听到了什么？

这部分记录听到和观察到的信息。仅需记录发生在眼前，或直接从参与者口中听到的内容。任何基于对话产生的思考，可以放在"思考"部分。参与者原话的引用也记在这一部分。

思考：针对观察，产生了哪些思考？

这部分记录你在对话过程中的想法或评论。想法可包含构想，但不能有待办任务。你可以在汇报与分析时，快速浏览这些笔记。

行动：有哪些后续任务？

这部分指待办事项：与产品经理讨论未来的新功能，访谈后向参与者赠送礼物等。你可以在回办公室后快速浏览这些，并采取相应行动。

你可以在笔记本纸面划分这三个区域，用以记录信息。我们建议"思考"和"行动"的区域小一些，因为笔记主要是记录听到和观察到的信息，而非头脑中的思考。类似的划分方式可用于任何物体表面。

例如，如果你需要远程开展可用性研究，可以在白板上划分出观察、思考和行动区域。

速记

如果你更喜欢在不分区的完整纸面上记录，可以采用速记缩写词来标记观察、思考和行动。

以下这些缩写在调研中很有帮助：

"观察"部分无须添加任何前缀标注。

>
标注在一行内容的开头，代表思考。

@
标注在一行内容的开头，代表行动。

?
代表访谈后的一项跟进内容。可以是你脑海中涌现的一个问题，或者提示自己回看之前的回答，或复述之前的回答，请参与者进行详细说明。

"
代表你想在调研报告中引用的参与者原话（详见第 8 章）。

d
代表汇报内容。这些是和调研搭档讨论访谈记录时做的笔记。我们将在后续章节阐述汇报的重要性。汇报笔记可以放在笔记之后，或直接加在正在讨论的笔记内容旁。单独标记这部分，是因为它是与他人二次讨论后的信息，不同于第一手的">"（思考）。这些也对后续分析有所帮助。

图形强化

如果想突出信息，可以用下划线、星号或方框标注。标注不要太多，如果什么都强调，等于什么都没突出。另外，慎重使用这些元素。如果参与者看到你在他们的话语旁标注星号，可能就不太愿意与你分享一切。

以上是一些我们实践过并认为有用的建议。你也可以有自己的针对不同信息的标注方法。重要的是，符号数量要少，避免访谈中过多思考什么符号用在哪里，此刻的注意力应放在对方身上。

准备用于分析的数据是研究中的另一个关键步骤。它涉及转译文字信息和归类信息。和你预想的或许不同，这一环节并不在所有环节结束后才开始。第一次访谈后就可以开始，并可当作持续分析的环节，和之后的访谈同步进行。

5.6.2 数字化工具

有许多数字化记录工具可供选择，一些还可配置结构化笔记。但使用它们意味着在访谈中又加入了一项设备，令双方分心。我们认为，纸笔依然是一种更优的记录方式，让你保持对参与者的关注。

而在回看访谈录制，或远程同步观看现场访谈时，数字化工具会更具优势。使用笔记本电脑不会令远程用户分心。还可以使用调研专用的笔记类工具记录并为分析做准备，如 Reframer 或 EnjoyHQ。可以创建电子表格，划分观察、思考和行动栏，或甚至采用更专业的表格模板，在预设好的分类上打钩。

彩虹图

彩虹图（rainbow chart）是一种电子表格，用以记录用户研究数据并进行颜色编码，然后对数据进行整体分析（如图 5-1 所示）[注3]。例如，每当参与者在可用性研究、日记研究、焦点小组或访谈中表现出某种行为时，观察者将这类行为记录在图表左栏。右栏中，每位参与者被指派了一个名称和一种颜色（例如，P1 栗色，P2 红色，P3 橙色，等等）。当某位参与者表现出了表格中所列举的行为之一，就在相应的单元格内填充代表他们的颜色。

彩虹图是一种团队协作记录数据的好方法，对可用性研究特别有效。多名研究人员可以同时记录研究结果，并通过研究总结出核心洞见。任何团队成员都可以通过简单查看图表来识别参与者的行为模式。彩虹图可以分享，也可作为向外部利益相关方汇报的基础。

注 3：想了解关于彩虹图的更多内容，可查阅 Tomer Sharon 所著的 *It's Our Research: Getting Stakeholder Buy-in for User Experience Research Projects*（Morgan Kaufmann 出版）。

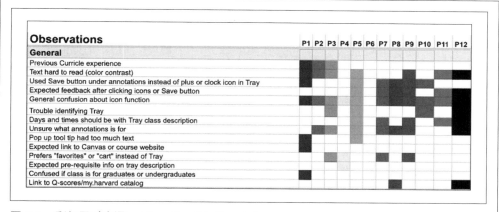

图 5-1：彩虹图（来源：*https://oreil.ly/4vm6x*）

5.7 访谈后

每场访谈都会收获值得思考的新的信息、使用经历和数据点。因此，访谈后可以着手几件事，为分析做好准备。这么做有两个目的：一是理解并消化在访谈中感受到的情绪，二是促进分析。

5.7.1 回顾总结

访谈结束后，最好能立即和研究搭档（采访者或记录员）坐下来回溯信息。此时，你们都做了一些笔记，或许还有更多素材（详见第 6 章）、图像、视频或录音。你也会有许多想法和感触。当你在感受和记忆还很深刻时，回溯访谈的经过，回看笔记，交换观点，这很关键。一种比较好的方式是一起回看访谈录制，确认当时的信息并思考。

反思时，或许你会发现自己在访谈中的某些偏见。没关系，没有人是完美的。为了防止偏见继续影响分析，请将它们记录在访谈笔记中。接受自己的偏见，这么做很好。接下来，你需要反思偏见为何产生。是对方说了什么？你看到了什么？还是你期待某个答案却听到了另一种回答？

记录下任何你认为会导致偏见产生的事。接下来，思考一下如何在后续访谈中尽早识别偏见。比如，访谈前温习访谈材料？仔细研究参与者的筛选条件？

准备合适的开场问题，并测试一下，它们是否仍会令你感受到偏见？访谈前给自己一些空间（冥想，在手上记小抄，大声喊出来，看一段视频，开启一段回忆），是否可以更敏捷地发觉偏见的倾向？这是一个接受自我的机会，让自己接下来做得更好。这也是一次难得且有力的成长机会，如果能与一位出色的研究搭档分享经验，就更有意义了。

从当下抽离，去思考

Aras 不抽烟，但他见过许多研究人员总结时爱抽一支烟。访谈期间不能抽烟的研究人员走出门外，简要地回顾之前的访谈。换个环境使他们从访谈空间中抽离，也更好展开讨论。你不可能一支烟抽几小时，所以时间有限，讨论很简短。

我们并不是建议你抽烟，抽烟也不是调研过程的一部分！只要能让你抽离开访谈的氛围，短暂进入一种更放松的社交氛围，任何习惯都可以尝试。

5.7.2 开始分析

回顾思考是第一遍梳理分析。访谈结束后，根据对话在笔记旁附上你的想法。用彩色水笔或铅笔，或一些缩写符号进行标注。照片也可采用类似的标注，尤其是手机内的照片。如果你的照片开启了定位，你可以在上传照片时添加备注作为标题。给视频做标注就困难多了。方法类似，用时间戳和备注即可，为后续更全面的分析做准备。如果你喜欢使用标签，这里也可以用起来。我们将在第 7 章深入介绍分析的过程。

第一遍分析要特别留意某类信息：丰富的故事插曲。这些故事独特、丰富、有趣。在这些内容前做个标记，便于快速定位。回顾笔记时也可作为一种记忆书签。"用高压锅酿酒的人"远比"8 号参与者"更影响深刻。

最后，全局思考。与之前几轮访谈记录和所听到的想法相比，当前这轮访谈内容有何特别之处？是否有新的有趣发现？是否有其他行为模式出现？你之前的假设是否依然成立？当前面临的问题与调研准备期间的问题相同吗？

还有一件事需要注意，尤其当你打算接着采访下一位参与者时。即便简单的笔

记回顾，自我思考，与搭档讨论，也会无意中总结成某些行为、态度和见解。参考第 2 章提到的系列位置效应和锚定效应。留意这些，尽量以初学者的心态开始每一场访谈。

5.8 要点总结

- 访谈是一种与被访谈者建立联系，继而推进的问答式流程。我们不能过度重视建立联系的重要性，但这也正是访谈与调查的不同之处。

- 访谈前，将自己的身心状态调至最佳，也请帮助你的搭档调整好。

- 访谈的目的是进行共情式的对话，而不是审问对方。提出你的问题，保持安静，仔细观察和聆听。

- 分析最好在访谈结束后，在回顾总结时开始。对比访谈笔记，粗略标注一些记号，记录难忘的、令人惊喜的时刻。

- 情况允许时，到用户所在之处开展访谈是更好的。如果是远程访谈，要做到比面对面更重视，才能建立更融洽的关系。

相比用语言表达，用户向你演示他们
如何使用产品的频率是多少?

第 6 章

仅有对话不够

访谈对话在获取用户行为、使用经历与观点态度的洞见方面是非常有效的。但无论多么完美的访谈，都无法还原用户信息的全貌。Michael 在 Fresh Tilled Soil（位于波士顿的一家设计公司）参与的一个客户项目，恰恰说明了仅有访谈无法完成好的产品调研。

Michael 团队被邀请帮助一位客户改进一款建筑工地卡车调度的应用程序。他们访谈了调度员、司机和建筑项目经理，但一名策略师感到信息有遗漏。于是，她请客户安排部分团队成员乘坐司机的建筑车辆，为期几天。在此期间，他们从第一视角了解到司机如何回应调度员，在卡车上如何使用手机，以及实际上遭遇了哪些困难。乘坐司机卡车随行的过程中，他们发现了应用程序在通信时间上，以及移动信号不稳定时出现的问题。研究人员通过访谈知晓了这些问题，但在随行中能更好地理解问题出现的症结。

用户有时在描述自身经历时会对其进行一些加工，提供不准确的信息或（第 2 章提到的）偏见。那么，借助一些方法了解用户隐藏的动机和想法，是很重要的一环。引导他们演示自己正在做的事情，而不是依赖他们的表述。

我们将在本章介绍对话之外的一些方法。不过，它们强依赖于第 5 章介绍的访谈方法。如开篇所述，如果严格来讲，这是一本方法书，那么它可以称得上一本百科全书。我们挑选了一些自己在产品调研中最常使用的方法，其中一些很好上手，即便缺少专业的研究基础，也能快速提升。

6.1 走出对话

访谈交流之余，可以穿插一些互动环节，引导参与者展示他们如何做事、如何决策，以及如何构思的过程。我们把这些方式与访谈结合起来，是因为它们能丰富整个对话。在用户观点与他们自述的行为之外，通过互动，你能看到他们真实的行为。这很吸引人，也有参与感。不同于寻常访谈，它们更易建立起融洽的关系。当你走出对话，积极互动，你会发觉更具价值的洞见，这些是单纯倾听难以企及的。

本节谈及的互动方法能为产品调研提供宝贵的洞见。首先介绍 3 种提升访谈互动性与深度的方法：收集素材、"以画表意"和购买功能。然后，介绍 4 种与访谈相辅相成的方法：卡片分类（card sorting）、可用性研究（usability study）、实地浸入（field immersion）和日记研究（diary study）。

6.1.1 收集素材

有时，你很难直接获得你所感兴趣的信息。它或许出现在不可预知的时间点，或难以回忆起来。又或许参与者总是简化细节，令人难以获得深入的洞见。可以要求参与者在访谈或研究开始前收集一些素材，以此作为切入点，展开有效的沟通。

例如，你可以请参与者收集上个月的账单。账单中有什么地方困扰他们？他们是否了解自己的支出明细？他们看到每笔账单时有什么感受？或者请他们打印一些令他们生气的工作邮件。他们能否介绍一下这些邮件？生气的原因是什么，是因为语言、发送时间还是被抄送者的数量？访谈或研究前收集这些素材，不会消耗什么精力，甚至还很有趣！

打开后备厢

访谈的形式不一定只有口头交流。许多方式可以使访谈更具参与感、更有趣。例如，英特尔公司的人类学家采用了一种创新访谈方法，了解人们如何使用他们的汽车，以及如何理解移动技术带来的影响。他们在每位参与者汽车旁的地面铺了一张大浴帘，然后要求参与者将车内的每件物品依次拿出

来，并介绍它们（如图 6-1 所示）。为什么这样做？这样做有什么目的？其中收获了哪些故事？由此产生的对话内容超越了简单的驾驶便捷性层面，延伸到了社会地位、家庭关系，以及数字与物质消费[1]。

图 6-1：车内的物品讲述着有趣的个人经历

你可以要求参与者提前准备好素材，以此展开一场更活跃的对话，或把它们作为主要研究对象进行分析。用笔记标注方法标记这些素材，用于分析环节。（关于如何更有条理地收集和呈现素材的调研方法，请阅读本章后面关于"日记研究"的部分。）

提出素材收集要求时，有几点建议：

- 首场访谈前，熟悉你所需要的这类素材，以便展开相关的提问和探索。提前寻找一些类似的素材，熟悉各种可能出现的情形。做一场试访。

- 清晰地向参与者传达你的意图，提前收集素材是为了后续研究。将这一点写入招募表格。另外，在筛选条件中增加一个问题，询问用户是否接触过你所要求的这类素材，以及他们的收集意愿。

- 清晰地描述你所需要的素材。尽可能给出示例。

- 如果你需要保留素材，请提前告知参与者。相反，也要告知他们素材可以带走。

注 1：Genevieve Bell, "Unpacking Cars: Doing Anthropology at Intel," *Anthronotes* 32, no. 2(Fall 2011).

- 你可能希望在访谈前先查看收集的内容，以做到心中有数。参与者无须将素材分批邮寄给你，用通信软件发送一些简单的照片就足够了。

- 假如所需素材的收集需花费较长一段时间，以及额外的注意力，收集期间可以发送一些温和的提醒。

- 要始终准备一套备选方案，以免参与者不能很好地完成收集。假如参与者误解了你的需求，怎么办？假如他们忽视了你的建议，收集数量不足，无法展示，怎么办？提前拟定好替代计划，以免浪费宝贵的时间。

- 如果素材比较敏感，访谈录制前要和参与者二次确认，即使他们从一开始就表示了同意。

史密森尼收集黑人人权海报

2020年5月25日，在明尼阿波利斯，一名非洲裔美国人乔治·弗洛伊德被一名试图逮捕他的警察杀害。大范围的抗议活动随之而起，引起了人们对美国及世界各地根深蒂固的种族主义的关注。这些抗议活动带来了更深层面的思考和感受。当事情发生时，史密森尼机构的官员开始收集抗议活动中的标语和海报（如图 6-2 所示）。他们的目的是通过这些了解抗议者的本质动机，为后人提供更加翔实的记录[注2]。

图 6-2：“黑人的命也是命”抗议活动海报（来源：维基共享资源，*https://oreil.ly/67ULJ*）

注2： Statement on Efforts to Collect Objects at Lafayette Square," National Museum of African American History and Culture (June 11, 2020), *https://nmaahc.si.edu/about/news/statement-efforts-collect-objects-lafayette-square.*

6.1.2 以画表意

这是一种打破常规访谈的有趣方式,它鼓励参与者将他们的问题和解决方案用可视化的方式表达出来。绘画是一种快速传达信息的方式,可用于探寻访谈或可用性研究中难以揭示的信息。画的内容不限:家庭里的劳动分工,工作中的组织架构图,他们的晨会,大宗采购的决策图,任何能想到的内容都可以。

画得美观与否不是目的。甚至不要求画得准确。绘画是一种工具,使他们以语言之外的形式表达自己。因此,让他们在画的过程中感到放松,才是关键。

网络图和搜索引擎也可以!

以画表意是一种便捷的研究工具,它通过绘画来了解人们对科技的理解。大多参与者缺少充足的技术领域知识与词汇,无法精确表达一个系统的运作过程,但是绘画可以帮助他们表达自己的想法。佐治亚理工学院的研究人员通过绘画和访谈结合的方式,了解人们对家居科技网络的认知,然后提出了设计创想(如图 6-3 中的第一张草图所示)[注3]。同样,华盛顿大学的研究人员也请参与者绘制了他们对搜索引擎工作方式的理解(如图 6-3 中的第二张草图所示)[注4]。

常听到一些反馈说"我不会画画",所以,帮助对方理解绘画的本意并放松下来,是很重要的。来自 Intelleto 的著名用户研究专家 Kate Rutter 为了使对方感到更自在,将此活动称为"在纸上做标记"(making marks on paper)。知道自己不会被评价,才能真正放松下来。画功好坏不重要,传递信息才是目的。这项活动需要手把手耐心地指导,告诉对方随时可以重画,或在活动开始时进行简短教学。

注 3: Erika Shehan Poole et al., " More Than Meets the Eye: Transforming the User Experience of Home Network Management," DIS '08: Proceedings of the 7th ACM Conference on Designing Interactive Systems (February 2008), 455–464, *https://doi.org/10.1145/1394445.1394494.*

注 4: D. G. Hendry and E. N. Efthimiadis, " Conceptual Models for Search Engines," in *Web Search*, eds. A. Spink and M. Zimmer (Springer, Berlin, Heidelberg, 2008), 277–307, *https://doi.org/10.1007/978-3-540-75829-7_15.*

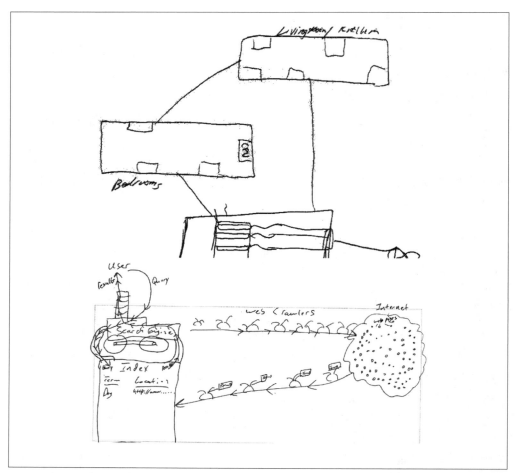

图 6-3：使用"以画表意"的两个研究项目示例

C. Todd 在一家视觉思维咨询公司 XPLANE 工作期间，接触到了"可视化字母表"工具，它由 3 种简单元素构成：点、线和弧（如图 6-4 所示）。这些元素可以拓展成角、螺旋、正方形、圆、云朵等图形。只要将这些图形以不同方式组合起来，就可以完成一幅画！将简单的图形拼接在一起作画，可以缓解画图时的焦虑感。

作为研究人员，你需要知道，绘画的过程与所绘内容本身一样重要。参与者的绘画方式传递出什么信息？他们首先画了什么内容？他们做了哪些修改？绘画的内容通常映射着我们大脑中首先闪现的内容，所以这项活动能够揭示许多有关态度与观点的信息。

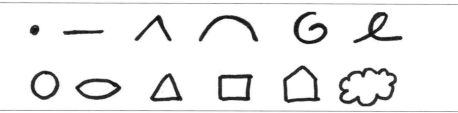

图 6-4：Dave Gray 发明的可视化字母表

"以画表意"的几点提示：

- 练习的目的不是追求精准的表现或艺术性的成果。

- 准备大号笔，避免参与者陷入绘画细节中。

- 纸张的大小也关系到参与者的舒适感。如果提供的纸张过大，会令人感到害怕，不知如何画起，画多少才合适。如果纸张过小，在纸上绘画前，一些细节就已经在大脑中被过滤掉了，而这些细节可能正是你所探寻的。请使用标准信封尺寸或 A4 尺寸纸做一次实验，再做相应调整。

- 限制绘画的时长，避免不必要的图画细节。灵活把控时间。如果规定时间即将用尽，可以询问参与者是否还有遗漏，共同把这些细节添加到图中。

- 参与绘画的过程。关注参与者的选择，鼓励他们"大声思考"(think out loud)。

- 允许重画和重新开始。发生这种情况时，不要丢弃旧图，分析时或许有用。

- 绘画活动结束时，请标记上参与者的代号。这样做能使访谈记录和图画整理得井井有条，分析时查找方便。

- 这种绘画方法十分灵活，也可用在其他研究方法中。在日记研究中，请参与者画出一段经历的时间线，或在可用性研究中，请参与者画出信息在系统中的流转路径。

"以画表意"用文字之外的元素表达想法，是一种简单有趣的方法。如果你对这些很感兴趣，请学习业务折纸模型（Business Origami）[注5]，这是一种用折纸模拟表现组织工作流程的方法。还有一种是"乐高认真玩"（LEGO Serious Play；*https://oreil.ly/5T-Nd*），其中参与者用乐高积木拼搭体现解决方案。

注 5：David Muñoz, "Business Origami: Learning, Empathizing, and Building with Users," User Experience (July 2016), *http://uxpamagazine.org/business-origami.*

6.1.3 购买功能

购买功能（buy-a-feature）是一种简单的权衡游戏，每位参与者持有有限的预算，需要根据手中预算选择购买功能。由于参与者可购入的功能有限，他们可以为产品价值评估和优先级选择带来有用的洞见。这种游戏结构完善，整个过程推进迅速，所以参与者在进行决策时，没时间提前思考太多或制定策略。

游戏的目的是了解参与者的价值倾向，不用在意他们购买了什么。所以，我们要询问参与者选择的原因，这很重要。他们为什么选择这种功能而非另一种？他们是否后悔过自己的选择？记住一点，定义产品的功能集并非这场游戏的目标，引导参与者讲述选择时的潜在诉求与动机才是重点。

关于该游戏的几点提示：

- 一张卡片记录一项功能。针对每张卡片，写下功能的简要介绍与成本。

- 始终以用户的角度描述功能，即便它们是高度技术性的。"内存网络的无服务器架构"对参与者来说可能完全无法理解。找到它们的用户价值，并将其作为功能描述，比如"访问速度更快，更可靠的应用程序"。

- 还能针对不同版本的服务、功能修复以及改进来创建卡片。每张卡片都应描述它的用户价值。

- 将功能的数量限制在 20 个左右。

- 一项功能的成本应始终体现企业打造产品的成本投入。计算成本时应考虑所有因素，包括产品实施、维护和营销开支。

- 成本不等于研发环节的估点。它们仅存在一些相关性。你可以约束自己在 15 秒时间内，从而定义每张卡片的成本，但不要将此变成一场 Scrum 规划。假如你计划估算功能的点数，成本可以作为一个切入点。

- 建议你采用一种假货币，避免与现实生活的开支做不必要的比较。

- 尽量保持简单的价格以便记忆，即便需要你对成本稍做调整。例如，没必要将物品定价为 13.5、14、15.6 和 16.7。将它们统一定价为 15 就好。

- 将功能总成本与所持预算的比例设定在 3:1 或 4:1。例如，如果功能总成本是 400 单位，请给你的玩家 100 单位。最昂贵的功能成本不得超过 100 单位。

- 游戏即将结束时，拿出一半预算重复游戏练习。这么做对参与者的优先级选择有何影响？

- 这是一个单人游戏；参与者是唯一的玩家。这个游戏也可以有多人版本，购买功能时需要多位玩家拿出预算。听起来很有趣，但游戏很容易受到每位玩家行为的影响，以至于你很难了解每一位参与者的真正动机。我们不推荐多人参与，就像我们不推荐焦点小组一样。

6.2 卡片分类

卡片分类（card sorting）是一种简单的练习，参与者拿到一组卡片，需要依照类别将它们进行分组（如图 6-5 所示）。这种练习用途广泛，可用于了解不同概念之间的关联，了解哪些内容的分组对用户更有意义。通常，它用于指导应用程序和网站的导航结构。

图 6-5：卡片分类实践：参与者（右）正在将筛选条件（粉色卡片）和排序规则（蓝色卡片）匹配归类到一款企业产品的信息表中

卡片分类能体现参与者的思维方式，包括观点、决策优先级或对事情运作方式的看法。分类的方式或许是他们处理某些事情的顺序。卡片分类作为一种研究方法，快速、简单且价格低廉，可以发掘访谈及可用性研究中缺少的观点态度信息。

卡片分类有两种类型：开放式和封闭式。

在开放式卡片分类中，参与者可以根据自己的想法对卡片进行分组。然后，他们可以对每个分组进行命名。开放式卡片分类适用于指导新网站功能的分类方式，或判断当前分类是否合理。

在封闭式卡片分类中，参与者拿到一叠卡片后，需要按照调研人员定义好的分组进行归类。这种方式适用于在第一轮开放式卡片分类后收集更多细节，为现有网站添加新功能，或将产品归入相关类别中。

C. Todd 在 MachineMetrics 重新设计产品导航时使用过卡片分类法。当时的调研问题是：用户的思维方式是怎样的，如何让导航更简单易用？首先，他选择开放式分类来定义页面的常规分类。当这些分类非常明确后，他选择封闭式分类来了解用户对这些分类的想法，以及页面和标题如何匹配。

卡片分类可以体现参与者们的普遍倾向，但分析需要时间。随着卡片数量、可能的分组方式以及参与人数的增加，你需要掌握一些基础的统计学知识，才能解读分组，归纳有效的结论。一些线上工具可以帮你处理相似性计算和相关性统计方面的问题。因此，建议你借助线上工具组织卡片分类实践，包括针对面对面的情况。（OptimalSort 和 UserZoom 是两种流行的卡片分类工具。）如果你认为实体卡片对参与者更友好，可以在活动后将分类数据输入在线工具进行分析。

如果使用实体卡片，可借助一面墙或一张桌子开展活动。大桌子用起来更方便，因为更容易将内容摊开并重新排列，否则，需要制作带背胶并可贴在墙上的卡片。

卡片分类结果重要，分组时的沟通也很重要。请要求参与者大声思考，并向他们询问，耐心了解他们的经历，了解他们将卡片分配在某一组的原因。

关于卡片分类的几点提示：

- 定义卡片的数量。卡片过少，则无法捕捉参与者的想法。卡片过多，则繁杂无头绪，需要大量时间整理。以我们的经验来看，20～50 张最为理想，取决于参与者对内容的熟悉程度。如超过 40 张卡片，则对参与者的思维能力要求很高。

- 一种有效的卡片分类实践是，先在一组参与者中采用开放式分类，确定类别，然后在人数多的一组参与者中采用封闭式分类，验证其类别。

- 尽量随机摆放卡片在每位参与者面前的展示顺序。

- 参与者或许会询问卡片内容的意思。这种情况出现时，询问他们是如何理解的，并基于理解进行归类。结束后，及时更新卡片内容，使之更清晰明确。

- 实体卡片分类结束后，给卡片拍照，或快速记录卡片编号与分类名称。或者，将卡片信息记录至分析工具中。

- 一种拓展卡片分类的方法是在完成分类时，询问参与者是否发觉任何缺失的卡片。他们或许会提出一些你从未考虑过的内容。

- 如果你打算人工分析数据，请采用不同的方法来可视化卡片分类数据[注6]。

- 在分析过程中，数据可能指向不止一种卡片分类的方式。如果出现这种情况，那么恭喜你：你识别出了带有差异化需求的不同用户群体！

6.3 实地浸入

作为调研人员，全身心浸入参与者的环境中，才能最大程度上深入细致地了解他们。实地浸入是社会科学领域的主要调研方法之一。经过适当的调整，可以极为有效地运用于产品研发中。实地浸入的核心在于"亲身参与"，和参与者一起工作，了解他们的日常（如图 6-6 所示）。

图 6-6：ÇiçekSepeti 的设计团队清晨在仓库挑选批发的鲜花，然后运至一家花店，并进行配送

注6：一些参考资料包括"Card Sort Analysis Best Practices"（*https://oreil.ly/nwDzG*）和"Dancing with the Cards: Quick-and-Dirty Analysis of Card-Sorting Data"（*https://oreil.ly/DBYc0*）。

你的参与程度和融入度取决于你的调研问题是什么。可行的调研机会有哪些，以及所处的调研环境因素。例如，没人希望你亲自参与手术室、核反应堆或空中交通管制大厅的工作。这样的环境下，你的参与至少是一种阻碍，最糟糕的情况会危及生命，不参与更合适。

如本章开头提到的，跟随观察或静静旁观是一种最简单的实地浸入方式。通过这种方式，你只需要观察。这样也最容易被参与者接受。然而，这也有弊端。仅观察而不提供任何帮助，参与者会因此感到不悦。从洞见收集的角度而言，旁观用户完成任务而不参与其中，难以助力调研。

另一种方式是人种学研究，你可以充分参与，融入参与者的环境中亲身体验。在该调研中，调研人员承担着与研究对象相同的任务与角色，深入体验他们日常的方方面面。这种方式能带来精彩的洞见，但也需大量时间精力分析处理。甚至需要一定程度的社会科学研究技能来理解其中的细微差异。长时间进出参与者的环境也很难获得同意。Aras 为了完成硕士毕业报告，曾在两个专业厨房全职工作。获得批准很不容易，如果他没有在餐厅工作，就无法出入其中开展研究。尽管人种学研究能带来精彩的成果，但却无法与团队一同进行。

观察很简单，但比较粗浅和表面化；人种学研究扎实，但要求苛刻。情景访谈（contextual interviewing）是一种较为均衡的实地研究方法，可以获得消费者或用户的第一手信息。这种方法是在参与者所处的环境中，在他们的情境中进行采访。与人种学研究相比，它更易执行，周期短，无须密集的专业技能培训。相比保持距离地旁观，情景访谈的研究人员能在更自然亲近的氛围中观察，适当地一起完成任务，抽空询问与沟通[注7]。

2020 年的新冠大流行期间，迫于种种限制，C. Todd 和团队无法前往工厂实地研究，于是他们借助 Zoom 和 FaceTime 等工具参观工厂车间，推进情景访谈。

情景访谈中，参与者不需要详细描述他们正在做的事情，因而对于复杂的操作，不会有过多的挫败感。通常，简单介绍一下就能够帮助你理解情景，你在参与任务时也会有更多领悟。因为你一直在协助任务的完成，而没有表现得像审计

注 7：Karen Holtzblatt 和 Hugh Beyer 所著的 *Contextual Design: Defining Customer-Centered Systems*（Elsevier）是一本相关内容的好书。

员一样，所以参与者不会感到过多的目光。你可以随时提出有趣的疑问，不必等结束时再提。

关于实地浸入的几点提示：

- 留出充裕的时间提前告知参与人员或他们的组织单位。说明你何时来访，希望停留多久。等待对方最终给出一个合适的来访时间。

- 某些场合对来访有一些要求，比如安全培训或心理辅导。了解相关要求，合理做好计划。

- 对到访场合的仪式惯例及对方的期待做一些了解。例如，寺庙内可以穿短裤吗？如果你蓄胡须或染发，会不会过于显眼？你是否需要参与日常例行活动，比如工厂车间的团队热身或一起午餐？最好先上网查找资料，然后与对方确认这些。

- 忽略你在工作中的身份职位。介绍时可以含糊一些，但不要对对方撒谎，尤其当彼此资历存在差距时。或许你是公司的最高副总裁，但以这种身份出现，将失去任何建立良好关系的可能。相应地，如果你是团队的初级实习生，也会遭到忽视。

- 根据场合考虑着装。如果出入着装正式的政府办公室，不要穿凉鞋前往，或期望被工作人员视为日常工作流程中的一员。相应地，如果对方身着牛仔裤和钢头靴，也不要以你的精英职业访谈着装出现。

- 中途参看现场指南会打断流程。熟记你要谈论的内容，这样就无须偷看指南。

- 一边沟通一边记录会造成和参与者之间的距离感。考虑在休息时再做记录。

- 维持完成工作和谈话之间的平衡。假如你只是帮助参与者完成工作，而不做询问，就无法了解其中的细微差别。假如你只接连提问，又会打断对方的工作，无法体验和感受他们的日常。

- 参与者或许没办法不断将注意力从工作中切换到你的问题上。为了避免这种情况，你可以询问"你能向我展示看看么？"或"我可以帮助你完成吗？"这样，他们能在完成问题的同时，继续专注工作。

- 如果可以，请结伴而行。带上一位同事，只需一位，人数多会令参与者不适。和同伴一起有助于推进谈话和分析，但如果参与者感到不自在，就不要坚持这种形式。

- 在情景访谈时录音可能会比较敏感，尤其在工作场合中。请尊重参与者的选择和他们对录音的担忧。获得允许后，再进行拍照和录像。如果感到对方仍有疑虑，可以提出和他们一起查看拍摄内容，删除他们认为不合适的分。
- 远程做沉浸式研究非常困难。远程访谈加上现场视频走查拍摄，或许也是一种不错的选择。我们在第 5 章也介绍过一些关于视频访谈的技巧。

6.4 日记研究

实地浸入在某些研究条件下并不现实或不合适，那么可以用日记研究法来帮助研究人员广泛捕捉各类信息。日记研究（dairy study）要求参与人员及时记录当下的经历，就像记日记一样。这类研究通常是纵向的，常用于周期性观察。其是一种能在一段较长周期内捕捉信息，而无须研究小组长期实地工作的有效方式。参与者实时记录他们当下的想法和行为，所以日记研究中很少出现回忆偏见（参见第 2 章）。

研究开始时，会通过访谈向参与者介绍。参与者需要在研究期间完成记录任务。记录经历与想法期间，研究人员会同参与者保持沟通，简单了解当前的情况。记录结束后，研究人员会组织汇报访谈，与参与者共同回顾记录的内容，沟通经历与感受。可简单将日记研究视作一种长期研究，在周期性的访谈沟通中穿插开展。

日记研究不必是传统的"亲爱的日记"格式。实际上，根本不需要做笔记：可以简单地记录一些数字，比如睡眠的时长，对感受进行打分，用贴纸记录对某件事的反应，或用照片记录早餐。这些信息或许是定量的，比如消耗的卡路里数、旅行的里程或使用手机的时长，又或许是定性的，比如对日常工作的个人看法和期望。这种研究的侵入感很弱，可以开启一些之前未曾探究过的话题，并直接提取数据信息。研究成本相对更低，更容易执行，并能在同一时间推进多个研究。

日记研究通常需持续几周至几个月时间。这种纵向的特质使研究能出色地捕捉重复性行为，了解习惯的形成。一旦形成，习惯便伴随我们的日常生活，习以为常。这些习惯在访谈中难以捕捉。然而，日记研究记录将习惯呈现得更为清晰，便于在汇报时或研究后展开讨论。

要求参与者较长一段时间后汇报记录是一种挑战，因此日记研究通常会提供一套简单模板样式的提示工具包。同时，研究人员需定期同参与者保持联系。

提示工具包是研究成功的关键。最重要的是，要便于记录，且能持续吸引参与者。这需要有一些权衡。参与者在应用程序中记录信息或许便于分析，但提供一套维多利亚时代的写作工具，要求他们用钢笔记录并蜡封起来，显然更具吸引力。

研究期间保持联系，便于定期汇报情况，随时检查研究的可行性。若脱离监督，研究则会产出不佳的成果。定期检阅也是一种对参与者的鼓励，可帮助了解产出的数据情况。此外，其还有助于识别一些为了研究报酬而伪造参与资格的"专业"人员。出于以上考虑，越早发现问题越好。

保持联系也有助于识别中途想要退出的人，以便鼓励他们继续下去。它也能使你发现一些参与者以为微不足道的事情所带来的洞见。这些意外收获令人惊喜，往往比日记本身更有意思。

针对日记研究的几点提示：

- 考虑提示工具包制作及数据准备所需的时间。尽可能给予参与者自由度，站在对方角度考虑记录的方便性，从自己的角度考虑分析效率。

- 筛选候选人时，告知对方参与研究需投入的精力。你可以亲自测试后，将所需精力的两倍估算为研究投入。

- 根据研究问题、数据收集的目标及参与者的情况来选择记录方式。简单一些，使用纸笔即可，或复杂一些，使用专用的记录软件，或者综合使用数字化与纸质媒介。

- 如果选择采用数字化工具，请为参与者提供文本输入和各类选项，如多选项和下拉列表。选项比开放式文本输入更容易填写和查阅，但也缺乏灵活性。选项的命名，以及哪些是必填项和选填项，都需清晰明确，否则参与者面对从未接触过的界面时会感到疑惑。

- 重视数据收集的隐私和数据保护。允许参与者在提交日记前查阅自己的记录，删除不愿分享的部分，或日后删除自己已提交的内容。这样可以满足大部分数据保护的需要。给予参与者充分的数据控制权也能建立信任感。

- 开展日记研究的试测极为重要，因为你无法像可用性研究那样及时出现，实时解决问题。你可以亲自测试，或选择符合参与者标准的亲近之人参与测试，看看能否获取所需的数据类型。你可以拿本节结尾处的练习感受一下。

- 制定记录计划时，考虑加入一些"休息日"，让参与者放松一天。尤其对于持续几周的研究，这一点更为重要。

- 参与者创造的内容和捕捉的数据信息只是他们信息输出的一部分，你们之间的定期交流也同样饱含价值。

- 不要低估与参与者的定期沟通。这不是完整的汇报访谈，也不是诸如"作业完成了吗？"的问查。查阅进度的一种好方式是询问他们最近的记录。如果直接告诉参与者，你最近查阅过他们的日记，会令他们惊慌，产生一种不必要的监视感。

- 回访频率取决于研究问题，与参与者的沟通是否顺利，联系参与者时他们是否感到自在，以及你的参与是否影响记录的真实性。确定查阅频率和沟通方式（如电话、邮件或短信提醒）时，需要考虑这些因素。还要注意短信和正式品牌化的邮件在语气表达上的差异。这里更适合个人化的语气表达。

- 尝试与参与调研的每个人交谈。与参与者沟通固然好，但未完成调研的人也能带来不错的洞见。

- 定期查看时，检查提交的日记。如访谈结束时回顾笔记进行分析一样，定期查看数据有助于开展日记研究的分析。

- 基于对参与者造成的负担，可考虑采用不同的激励计划。例如，在调研结束时提供奖励，或将奖励分为几期，在达到某些阶段性目标时给予。

6.5 可用性研究：这不是一项测试

如果从未开过车，你不能指望随便找一辆车，就知道怎么开。要想开车，需先学习车辆操作知识，掌握实际驾驶技能，通过严格的驾驶执照考试。有了合法驾照，无论车辆有何不同，操作起来几乎没有差别：一个踏板用于加速前进，一个踏板用于减速，一个方向盘用于控制转向，一个操作杆用于改变方向，无论什么车型，大致都在同一位置。这种集中性的特点，使官方机构可以通过标准化的测试来认证数以万计的人。考试的一部分是笔试，你可以通过记忆来学习掌握车辆操作知识。你要么知道，要么不知道。另一部分是由专家监督主持的，驾驶操作技能可以通过车外观察到。如果你能给出问题的正确答案，并且专家认可你的驾驶技能，你就能通过考试。

可用性研究不同于测试。术语可用性（usability）和测试（test）确实不应当放在一起。和汽车不同，我们使用的网站、服务和应用程序，彼此之间差异很大。我们接触的这些系统的使用方法都有可能不同。基于所处环境的差异，我们使用数字产品的方式，尤其是移动产品，会有巨大的变化。我们的敲击、轻扫和点击行为，能够明显地被看到，而我们大脑中，经历着成千上万难以观察到的思维过程，影响着我们能否发现产品的可用性。没有专家能看到这些过程，没有问卷能揭示其复杂性。没有绝对的正确答案，也没有通过测试的最低分数。

可用性研究（usability study）是一种参与者实际操作产品或原型来达到某个目标的研究活动。这些操作可以帮助团队评估产品的有效性和效率，以及参与者的满意度。从中可以看到他们使用产品的细微差异，听到他们的期望，观察到他们使用时不断表现出的内心动机。简单来说，可用性研究只是简单站在用户角度展示产品研发的情况。不幸的是，这种简单的观点很容易被曲解。

一些团队将可用性研究视为终极决策工具。当在功能上产生分歧时，他们就会大喊："好吧，那么，我们让用户决定谁输谁赢！"这是有问题的，原因有二。首先，这违背了洞察式思维。团队提出的所有解决方案都完全可以满足用户的需求。将注意力放在对用户不重要的差异上，以此仲裁决策是在浪费时间。更糟糕的是，将产品决策视为团队成员之间的输赢儿戏，是一种不健康的团队组织方式，可用性研究不应该被用于鼓励恶化这种紧张关系。其次，这种方法营造了一种期望，即可用性研究应给出一个简单的通过／失败、是／否的答案。这种想法是不对的。与所有产品调研一样，可用性研究可以产出一系列洞见：一些可执行，一些值得继续深入探索，一些重复。成功的产品团队会将这些洞见作为决策过程的信息输入，而非压制讨论的手段。

一些团队将可用性研究视为质量保证的一部分，甚至于，质量测试（QA）团队也要负责开展研究。理论上，由设计团队或用户体验研究团队外的其他团队负责可用性研究，是非常理想的。然而，实践中，这是有问题的，原因有三。其一，质量测试活动通常于产品周期的最后阶段开展。这个阶段来解决问题，为时过晚。其二，质量测试团队专注于寻找出问题的部分。他们从多个角度测试系统，包括特殊的边缘案例，以寻找错漏。换句话说，他们试图发现问题，而问题探寻式思维并不适于产生洞见（关于调研思维方式的概述，请阅读第1章）。其三，让测试团队，且只有测试团队负责可用性研究，会造成一种"可用性测试是质量的体现"的假象。团队可能会有这样的期待：如果用户在可用性研究中没有遇到比较大的体验问题，那么系统就算"通过了测试"。即便最全面的可用性研究也不能取代测试活动，它们不能代表严格的测试。

将可用性研究想象成一场刺激下的访谈。为了更好地获取用户需求，你可以在一场可用性研究中施展浑身解数，运用所掌握的各类访谈技能。访谈和可用性研究的最大区别在于，产品系统准备的充分程度，以及向参与者呈现了哪些情景。

常规的可用性研究以一组问题开始，然后，提供3~5种情景，最终，以一组总结性问题结束。对于每一种情景，都可以在参与者使用操作前，提出一些针对性的问题（情景前置问题），完成操作后，再提出补充性的问题（情景后置问题）。通常每个情景结束时，应询问对于产品可用性的看法，从使用情况的各个角度提出一个或多个问题。关于此，有许多标准化量表可以借鉴，如系统可用性量表（SUS）或单一简单问题量表（SEQ）[注8]。

设计好的情景是可用性研究成功的关键。好的情景强调参与者视角下的反馈，而不是按照研究人员要求的步骤操作。调研人员可以从定义调研问题时考虑的用户行为、观点态度以及设想中汲取灵感，设计一些自然并能体现实际使用情况的情景。

让我们举一个例子来说明这一点。假设你在制作一个电子商务网站，该网站支付页面提供了分期付款方案。如果你要求参与者将一些商品加入购物车，并查看支付页面的分期付款方计划表，那么这种测试不是产品可用性测试。你只是在测试参与者遵循指示的能力。这在浪费所有人的时间[注9]。

相反，你可以要求他们重复最近一次大件商品的购买过程。当他们进入支付页面，接下来的行为与反馈将会引起你的兴趣。他们注意到分期计划表了吗？他们能理解

注8：A.Assila 等人在标准化的可用性问卷方面完成了出色的调研，"Standardized Usability Questionnaires: Features and Quality Focus"，electronic *Journal of Computer Science and Information Technology* 6, no. 1 (2016)。

注9：考虑到研究人员在可用性研究的推动性，这也是我们倾向于设置情景而非任务的原因。

不同的选项和代价吗？要求他们操作时大声思考，说出自己当下的内心活动。如果他们完全跳过了计划表，那么回到表格上，询问他们是否理解表格的作用。

如果每位参与者给定的情景不完全一样，也无伤大雅。虽然保持一致的目标很重要，但基于对参与者个人经历的考虑，实际执行时可能需要临时调整情景。这没关系，只要能收集有效的信息，获得相关的洞见就行。有一种 RITE 方法[10]被提出，每项调研结束后调整产品或原型，以消除明显的可用性错误，这样参与者就能专注于他们的体验，而不是卡在本可以修复的界面问题上。

关于可用性研究的几点提示：

- 搭建一个供参与者操作的产品系统或原型时，考虑加入一个简单功能，可以将一切操作归零。如果条件允许，增加对测试系统的状态提示也会比较有用。

- 设计情景时，考虑在实际使用前、使用中和使用后的情况，将这些考虑在情景中。例如，如果你正在测试一个在线汇款的新流程，不要直接从汇款界面开始。要考虑最初登录的界面，以及最后查看转账收据的页面。

- 如果你打算测试备选方案，并要求参与者指出是否更偏好其中一种时，那么展示情景的顺序就会很重要。（还记得第 2 章讨论回忆偏见时提到的锚定效应吗？）改变不同参与者测试时的展示顺序以消除这种影响。

- 与试访一样，你需要亲自测试可用性研究。接着，请同事或合作者也来测试。然后，再对潜在用户进行测试。这样能帮助你了解实际测试时的情况。

- 测试前，留出充分的系统调试时间。设置好后，先自己快速检验一下，确保一切运转正常。测试越多越熟练后，调试所需时间会缩短，但最初的几场测试前，需要留足时间。

- 考虑一些远程研究中屏幕共享的应急备用方案。你的工具有可能会出现问题，导致无法正常工作。有多少次你在使用 Zoom、Webex、Skype 或 Google Hangouts 时，它们突然崩溃了？或是原型突然无法加载？是的，我们都遇到过！最糟的情况下，你还可以要求参与者用手机录制自己的屏幕，并将录屏传送给你。

注 10：Michael C. Medlock et al., "The Rapid Iterative Test and Evaluation Method: Better Products in Less Time," in eds. R. Bias and D. J. Mayhew, *Cost-Justifying Usability: An Update for the Internet Age* (San Francisco: Morgan Kaufmann, 2005).

- 要求参与者大声思考，能够很好了解他们当下的心中所想。我们建议你广泛采用这种方式。但是，要求某人大声说出他们正在操作的内容，会令他们对自己的行为有所留意。如果你的研究问题要求观察细微的决策过程，那么你最好让他们安静地操作。

- 当下及时提出问题。如果你对参与者的操作有疑问，尽量在情景完成后及时提出来。例如，如果你在某个情景开始时观察到一些有意思的细节，在他们完成操作后立即询问，不要等到测试结束。你感兴趣的点参与者或许完全不会注意到，所以在上下文中询问，能使他们表达得更准确。还要考虑时间和进度，以决定问题的深入程度。

- 不要在缺少相关素材的情况下，令参与者空想一些情景。例如，如果要求他们操作逾期账单的支付，不要让他们假想自己账单逾期。应提前准备一张逾期账单，展示给他们。

- 打分问题是主观的："你认为完成这项任务的难易程度（1～5 分）？"这些数字总和与所代表的含义，不能说明这些结果是统计学上的事实。与当前状况相比，参与者认为该任务简单了 50%，但这个数字本身意义不大。要关注整个测试，而不是其中的数字。

访谈是一种了解用户的关切和动机的好方法。然而，对话只是一种同用户及利益相关者互动的方式。一起完成任务，一起共创，一起实践，可以帮助你更好地了解他们，获得更有效的洞见。

6.6 真实案例：超越访谈，征服世界

我们想讲述一个 DJ 设备制造商的故事，他极为重视他们的产品使用者及相关者的反馈。其产品规划师、设计师甚至研发工程师会采访 DJ、音乐制作人、区域经销商和零售商，了解他们的需求，确保这些需求得到满足。但打碟的过程是一种非常亲力亲为的、讲究即时感受的体验形式，很难在访谈中准确地描述出来。为了达到自己想要的声效与动感，DJ 需要实时做出音乐编排，然后通过快速移动旋钮、滑块、开关以及按键，将这些编排应用在播放的音轨中。大多数 DJ 可以同时操控 4 首歌的音轨，一些可以操控 6 首，甚至 10 首歌的音轨！所有一切都在几秒内完成，在 DJ 的节目中，这样的编排发生数百次。设计师开始了解这种体验，并为此设计产品。

为了实现这一目标，设计师花了大量时间在现场同 DJ 一起工作。参观他们的工作室，与他们一同练习。还会去俱乐部，在 DJ 旁边的小隔间内消磨时间，观察他们每时每刻的操作过程。设计师甚至融入人群，了解人们对产品音效和过渡效果的感受。他们在不同规模的俱乐部开展实地浸入研究，播放不同类型的音乐，邀请不同技术水平的 DJ 演出。（可怜的设计师——不得不跟着 DJ 在全世界演出。老实说，我们觉得很不容易。）当需要更多信息时，他们会观看线上视频或音乐现场演出，了解 DJ 如何使用他们的设备。

设计师还和 DJ 一起进行可用性研究。当有了一些新产品的想法时，他们制作产品原型，了解 DJ 的看法。他们要确保原型没有漏洞，这样 DJ 才可以自如地表演。他们将过程录制下来，之后再回看 DJ 的操作。与我们交谈的设计师表示，他们常常感到惊讶：当提供给 DJ 一个可以自由操作的产品原型时，DJ 的操作与他们之前说的完全不同。看到这些差异后，设计师意识到了用户说和做之间的差距。

该公司的设计团队结合视频回看、实地浸入研究以及可用性研究，超越了访谈所能获得的结果。通过多种多样的方法实践，他们获得了丰富的洞见，令公司里的每个人都重视客户的体验。

6.7 要点总结

- 虽然通过访谈可以了解用户行为，但互动性方法能使参与者表达自己，并使你发现更深刻的洞见。

- 你可以要求用户提前收集素材，或进行日记研究，以便在访谈中覆盖更长的时间跨度。

- 有趣的方法能够帮助参与者表达自己，如卡片分类、购买功能和"以画表意"。

- 当你需要仔细观察用户行为时，可以选择实地浸入研究或可用性研究。

- 记住，访谈是所有这些方法的基础。

独立调研产出方案和洞见的过程能否
被人们理解和接纳？

第 7 章

协作分析共同成长

担任 Fresh Tilled Soil 的首席设计策略师时，C. Todd 主导了一个与全球快递巨头联邦快递（FedEX）的合作。可以想象得到，作为一家大公司，联邦快递的任何新产品计划都会涉及很多利益相关者。项目之初，他在田纳西州的孟菲斯总部安排了一次设计冲刺活动。其间，他邀请主要高管人员参与设计冲刺的某些特定活动：启动活动，假设风暴，以及最后一天的活动。团队会在最后一天回顾测试结果，并决定下一步的安排。正是这最后一天，奠定了联邦快递项目的成功。因为当天管理人员和团队共同分析了产品原型的结果。高管们不得不听用户的反馈，观看他们使用原型时的问题，他们得到了第一手的体会资料。更重要的是，合作分析结果帮助团队获得了高管们的支持，使项目得以推进。如果他们只是向高管发送一份报告，其影响力绝不会如此巨大。

如果产品调研是一种通过了解用户体验、需求和行为来创造和研发产品的过程，那么其中最重要的部分是了解。了解来自对基于定性、定量调研方法收集的数据的分析，前几章介绍过这些方法。

在第 3 章将洞见（insight）定义为挖掘到的信息精华，能使你以不同的角度看待一种情况。它可以是人类行为的观察、不为人知的事实或额外的背景信息。分析是将原始数据转化为洞见的过程。记住，或许你的调研之路不会完全遵从本书的顺序，或许会曲折前行，不过这完全没问题。

分析涉及许多相互关联且重叠的活动。数据分析依赖于深入剖析数据，进行数据比对，提出新的假设，并测试假设。还需要接纳新的观点，放下固有的角度，

143

以一种完全不同的视角审视问题，摒弃无效的假设，面对现实，接受最初的分析方向和最终方向不同的情况。

所有这些重叠情况和活动，听起来一团糟，但分析是一种结构化的方式，旨在促进理解。分析方法能使数据更易理解。每种方法都以新的方式审视数据，揭示那些无法立即展露的信息。它们揭示信息的本质与关联，引导你思考新的角度，展望未来可能的前进方向。如果有需要，可以结合多种分析方法，或根据需要寻找更多数据，进而调整分析深度。

与调研过程本身一样，分析强调一种洞察式思维，保持心态开放，摒除先入为主的观点，接受犯错的可能。那些意料之外的结果或被推翻的假设，更能证明调研的价值。本章将介绍一些可行的分析方法，并学习如何共同得出结论，打造更好的产品。

7.1 在产品调研中分析数据

学术研究中的分析是一个极为严苛的过程，可能持续数月之久。这非常适于构建学术人员所追求的那种持久、可靠的科学知识。而产品人员很少需要研究这类科学知识。那些简洁、贴近当下、操作性强且能被跨职能团队使用的洞见，在产品研发中更具价值。获取它们，可以借助那些注重人为分析过程的分析方法。

正如第 1 章提到的，调研项目的失败有时并不是因为项目本身有缺失，而是项目开始后的一些原因导致的。就在不久前，项目调研结果经常只是由一组博士级别的专家调研人员分析给出。他们很了解这些课题，能抓住其中的细微差异，并有多年的经验优势。他们同用户进行一系列研究，然后坐下来分析，数月后，产出一点点洞见。

与产品调研相比，这种方式更适于以技术为主导的项目及学术研究。这些研究的目标是开发一项技术，或推动某个特定领域的知识进步。回想一下第 3 章，以及爱立信公司 Daniel Elizalde 的故事，这家公司内部对研究目标的定义是技术研发。今天，我们使用的大多数产品都是更庞大、更复杂的生态系统的一部分。一个小的封闭性团队主导的分析，即便以技术视角看是有用的，但以产品角度看，也不会带来可执行且可发展的结果。世界变化太快，产品调研需要更多团队成员的参与。成功的产品调研项目是协作的，从初期开始，有越多的跨职能角色参与，当将洞见付诸产品实践时，就有越多可能获得认可。

一些公司将调研团队孤立起来，或将调研工作外包，以一种奇怪的方式分析数据。调研人员在分析时难觅踪迹，仿佛这个过程需要远离团队，在某个孤立的地点秘密开展。他们独自工作几周，有时几个月，杳无音讯。终于有一天，他们出现了。正当你充满希望时听着他们说："你应当调整用户登录流程。"接着，他们又消失不见了。

这是象牙塔分析（ivory tower analysis）：站在更高处，完全脱离当下环境。由于缺少上下文，我们很难理解这些建议和洞见背后的原因。分析人员是否持有偏见、是否采取了一些措施来避免结果偏差，都很难说。隐秘开展调研，导致其他成员很难及时提供反馈。另外，这样很难获得公司其他部门的认同。如果出现一些方法性的错误，直到汇报时才发现问题，那就太晚了。

换句话说，如果邀请整个团队参与协作分析，就能在用户需求上达成一致的了解，快速有效地组织分析，并使团队成员基于你的发现采取行动。协作分析的最大优势莫过于此。本章所涉及的方法均适用于协作分析的方式。我们将在第 9 章更多地阐述如何将协作分析融入产品的研发流程。

我们发现，有三组方法能以一种快速的协作方式将数据转化为认知，而不影响质量。第一组方法，呈现数据，获得新的认知。这些方法通过对数据进行分类、比较，以不同的方式拆分和整合数据，来理解调研问题。第二组方法，用数据构建信息，获得新的认知。这种方法帮助调研人员构建使用行为模型，从不同维度、以不同方式可视化数据，有依据地展开设想，例证这些设想。第三组方法，研究数据的结构和模式，主要是数字结构，以及数据是如何阐述其他现象的。这些方法借鉴了定量分析方法。

7.1.1 在呈现中分析

第一组方法通过不同的数据呈现来促进数据认知。你可以通过添加标签来标注数据，思考数据在策略和战术层面的价值，并从多种产品研发角度梳理你的观察和想法。

标注

标注（tagging）是将研究中观察到的现象进行描述性注释的过程。在社会科学中，这个过程被称作编码（coding）。但在产品研发中，编码通常指的是软件程序的编写过程。因此，我们将这项活动称作标注。图 7-1 为带标注的访谈记录示例。图 7-2 为带标注的手写笔记示例。

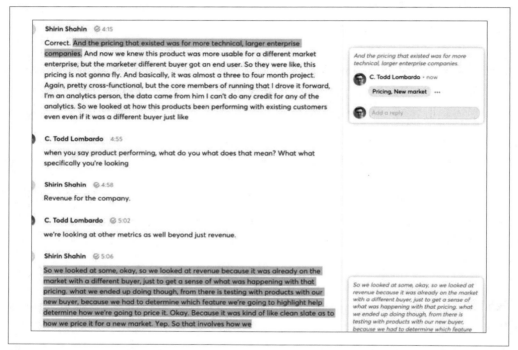

图 7-1：带标注（注释）的文字记录示例，标注以 Otter.ai 工具添加

标注前，首先要确定标注的单位。标注单位（unit of tagging）是指每个标注之间的最小跨度距离。例如，假设你正在标注一段文字访谈记录，准备在每句话旁边都添加一则标注，那么这里的标注单位就是一个句子。根据所需标注的颗粒度，可以选择将一个段落或一页作为标注单位。

假设你正在分析一段视频，可以就每 5 分钟的片段做一个标注。如果其中没有可用于研究问题的信息，不必刻意标注。也不必限制每一处的标注数量。标注单位的意义，是帮你梳理内容，更加一致有效地提取信息，而非为了限制标注的数量。

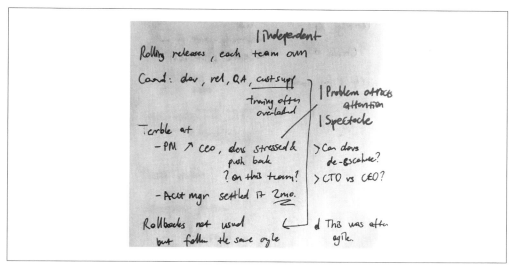

图 7-2：手写笔记及空白处的标注

标注数据的方式有两种：封闭式标注和开放式标注。假如你可以提前确定标注内容，那么这是封闭式标注（closed tagging）。如果研究之初，你没有制定严格的标注计划，而是希望随情况而标注，那么这是开放式标注（open tagging）。

开放式标注法是一种定性方法，通常更适于生成性或描述性研究。人种学就非常适合开放式标注法。可以自由描述每种情况，根据自己的观察，任意添加标注。这样做为展开更充分的描述、获得新颖的洞见提供了更多可能。缺点是，这种自由性会失去重点，以及标注过多。这样一来，就为分析增加了困难，因为你不得不关注大量内容，并可能出现重叠。分析时，你不得不回看这些标注及相关的信息。

一开始就选择开放式标注，哪怕对经验最丰富的研究人员来说也颇具挑战。Robert M. Emerson 提供了一份问题清单，或许有助于做记录、回顾笔记以及标注数据[注1]。通过这些问题，可以明确哪些内容值得被标注，怎样标注最能描述这些信息：

• 他们在做什么？

• 他们在尝试完成什么？

注 1：Robert M. Emerson, *Writing Ethnographic Fieldnotes* (University of Chicago Press, 1995).

- 他们用什么具体的方式或策略来完成这些？

- 成员 / 演员如何谈论、描述和理解正在发生的事情？

- 他们做了哪些假设？

- 发生了什么？

- 通过这些记录，我了解到什么？

- 我为什么要标注这些内容？

封闭式标注法通常更适于评估性研究。比如，竞品研究就非常适于采用封闭式标注。封闭式标注法将关注的重点缩小至一定范围内，更容易进行标注。这样做可以加快每个人的标注过程，还可以在不同的人标注同一份数据时建立一致性。缺点是，预先定义一套标注策略，会引导你刻意寻找某些信息，导致偏离洞察式思维。这种方法会不易察觉地产生偏见，本章后面将会介绍。

什么是转录？

听取对话并逐字抄写下来，称作转录（transcription）。转录是社会科学研究的一个基本步骤，通常是分析的第一步。调研人员将转录当作一种回溯和了解数据收集过程的方式，它能为分析创造巨大的价值。

C. Todd 喜欢使用人工智能驱动的自动转录服务。它们不是 100% 准确，他得亲自纠正。但这样既节约了时间，也不必完全外包给第三方服务商，还能重新回顾这些信息。

有些情况下，多人共同精心记录的笔记可以代替转录，它们为有意义的标注提供了充分的信息素材。如果你想回顾其中的细节并添加标注，可以随时重听录音。

你需要根据所研究的问题，评估一下灵活自由的开放式标注或简单实用的封闭式标注能否为研究提供帮助。

亲和力图

亲和力图（affinity diagramming）是一种根据事项之间的关联性，将之分组的简单方法。这是一种分析数据的可视化方法，有助于发现共性、模式与差异。亲和力图不必太复杂。对研究数据的信息片段进行分组时，你正在完成一张简单的亲和力图。这一过程中，你会使用到研究人员最熟悉的工具：便利贴。

做亲和力图前，你需要将数据项按有序的格式准备好。例如，在便利贴上写标注，或打印一份访谈引言列表，然后将它们剪成一个个纸条。如果使用数字化工具，你需要为相应的工具准备好数据。如果使用纸张或便利贴，你需要准备一个足够大的台面（一大面墙或一张大会议桌）来开展这项活动。

准备好数据后，就可以将它们进行相似性分组。将相似的内容平摊放在一起，不要叠放成一堆。通过叠放来分组很方便，特别是当你使用便利贴并且台面尺寸有限时。但让每项内容都可以被看见是很关键的，尤其在小组的分析活动中。请看如图 7-3 所示的示例。

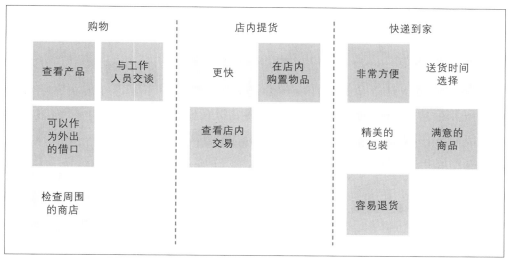

图 7-3：亲和力图

如果有些项可以归在不同分组，那么将它们复制几份，分别归入每一个适合的分组。同样，有时某些内容的一部分属于一组，一部分属于另一组。遇到这种情况时，复制一份并分别归入两组中，或将内容拆分成两项，分别归入两组。

对信息分组时，为正在组建的小组命名。如果有多个名字，将它们都写下来。如果使用的是纸张，可以用不同颜色标识分组名称和项目内容。例如，用正方形黄色便利贴标记数据信息，蓝色便利贴标记组名。

有些项不属于任何类别。这很常见。这可能和你的分析无关，但这些异常项或许体现了一些你所探索问题的重要信息。不要立即丢弃它们，将它们一直保留到分析结束。

亲和力图可以独自完成，也可以小组共同完成。有一种专为集体合作而产生的、特殊结构化的亲和力图，称作 KJ 法（以其发明者 Jiro Kawakita 的首字母命名）注2。KJ 法采用多轮无声的头脑风暴 / 头脑写作，然后开展多轮投票和小组讨论来达成集体共识。

阶梯法

阶梯法（laddering），有时也称作探寻法，帮助你在更大的上下文中思考某些问题。之所以叫阶梯法，是因为围绕某一问题探寻上下文的过程就像上下攀爬梯子一样。阶梯法使你深入上下文中观察探寻，找到相关可行的解决方案。这种方法的灵感来自"五个为什么"（Five Whys）方法注3 和"我们应当如何"（How Might We）注4 创造性问题解决流程。

整个流程的起点可以是你所观察到的任何一种现象（不要选择解决方案或想法——稍后再讨论这些）。选择好后，将它写在便利贴上，贴在一张大的平面上。这将是你的原点。从这里开始，你需要向上思考"为什么？"，以及向下思考"如何做？""为什么"会帮助你探索观察现象背后的原因与动机。每一个"为什么"都将揭示一种更广泛的动机，每一个"如何做"都将帮助你思考可行的解决方案。

下面以图 7-4 为例描述这个过程。假设你观察到网站的访客没有第一时间登录网站。将这个信息贴在平面的中心。

当答案可能超出研究与设计的范畴时，停止询问"为什么？"这很重要！通常，经由 3～5 个为什么，就能得到充分的信息。超出这一范围的任何信息可能都是猜测，或将你带回原点！现在，你已掌握了"为什么"，接下来了解"如何做？"

注 2：Jared M. Spool，"The KJ-Technique: A Group Process for Establishing Priorities，"UIE (May 11, 2004)，*https://articles.uie.com/kj_technique*.

注 3："Five Whys，"Wikipedia，*https://en.wikipedia.org/wiki/5_Whys*.

注 4："Simplexity Explained，"Basadur Applied Creativity，*https://www.basadur.com/simplexity-explained*.

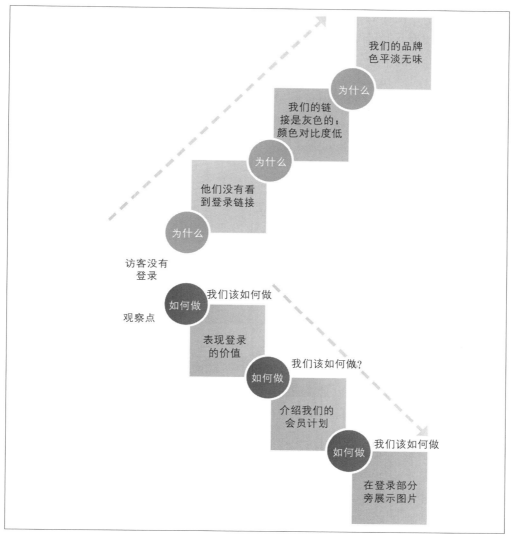

我们的品牌色平淡无味

为什么

我们的链接是灰色的；颜色对比度低

为什么

他们没有看到登录链接

为什么

访客没有登录

观察点

我们该如何做

如何做

表现登录的价值

我们该如何做？

如何做

介绍我们的会员计划

我们该如何做

如何做

在登录部分旁展示图片

图 7-4：阶梯练习的"如何做"和"为什么"

我们也建议"如何做"限制在 3～5 个。太多信息会导致过度钻研某种解决方案，陷入对产品细节的设想，脱离本应考虑的各种上下文。

如果你对"如何做"和"为什么"等问题有多个答案，怎么办？如果它们完全不同，我们建议你复制原点的观察，开始一个新梯子。这样会使日后的分析更加容易。

此时，围绕着原点，你得到了 6～10 项内容：上方 3～5 项，下方 3～5 项。原点上方的探索，使你洞察到更广泛的策略。向上攀爬得越高，内容越具策略性，通常也越难改变。原点下方的探索使你深入了解实践战术，收获可执行的操作来影响现状。越向下走，执行方案越简单，越容易实现。

添加新的原点，并进行攀爬梯子练习，可以获得策略及战术执行方案。团队一起做这个练习，探寻为什么，可以获得不同的答案，形成一种共同认知下的策略。探寻如何做时，可以共同商定战术执行步骤。

如果你问"为什么"，而得到的答案，却需要你回答"怎么做"，该怎么办？探寻"为什么"的过程中，能思考"怎么做"吗？我们不建议这样做。但如果你认为可以从中有所受益，那么你应该研究一下 Basadur（*https://oreil.ly/-wKJU*）提出的简单复杂性思考（Simplexity Thinking）中的挑战地图（Challenge Mapping）。挑战地图是一种升级版的阶梯法，任何回答都可以通过"为什么？"和"怎么做？"来进行拓展。

重构矩阵

重构矩阵（reframing matrix）采用一种结构化的框架，引导使用者就某一主题产出不同视角方向的观点。重构矩阵可用于评估解决方案，改进问题，或思考替代方案。这种工具可独自使用，但团队合作完成最能发挥其价值。

设计一套重构矩阵时，主导者需要考虑矩阵各个视角的设置。他们需要在矩阵中心的便利贴上写上主题，周围设置不同的视角方向。主题可以是一种观察现象，或是待评估的解决方案。团队基于主题，探索设想每一种方向，并根据每一种设想回顾思考主题。这种练习会产出问题、观点或相关的改进建议。

我们一起看一个重构矩阵的例子，还是用"阶梯法"部分提到的同一个问题：访客没有登录。团队定义了四个探讨方向：用户需求、营销、运营和软件开发。团队合作完成了每一个格子内的内容。最终的矩阵大概如图 7-5 所示。

在这个例子中，团队基于观察到的现象展开了一些设想。

另外，这种方法也能从各种角度评估一项待定的解决方案。我们假设团队就"访客没有登录"的问题，选择了一种或许可行的解决方案。他们想评估一下

"使用社交账号登录"是否是好想法。于是，团队将该方案设置为新矩阵的主题，四个方向设置与前一轮中相同的角度。然后，他们提出相应的问题、关切和观点。最终的矩阵图如图 7-6 所示。

图 7-5：重构矩阵，从现象观察到想法

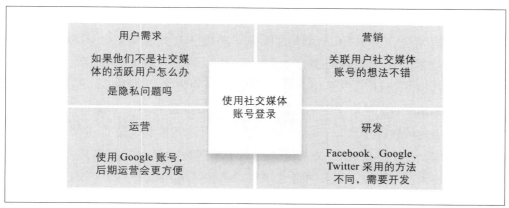

图 7-6：重构矩阵，评估解决方案

图 7-6 中，团队评估了一个解决方案。注意，其中并不都是负面评价：会出现一些问题和危险信号，但也有建议和未来的改进策略。这种评估练习倾向于转向消极的问题探寻式思维。在整个调研周期内，非常需要保持这种洞察式思维。

如果需要更多角度怎么办？可以根据需要缩小并拓展矩阵，每一个方块对应一种角度即可。我们认为，完成一项好的评估至少需要有 3 种角度，8 种角度则是极限，很难聚焦信息。

7.1.2 在构建中分析

第二套方法帮助你基于数据构建某些模型，以此了解数据。借助这套方法，搭建用户想法的可视化模型，图表化体现用户的行为经历，或规划可行的解决方案并验证。

用户画像

用户模型（user model）是使用产品时用户的状态和思维方式的简化呈现[注5]。之所以说"简化"，是因为不可能捕捉每一位用户的每一种思维过程，即便为了得到产品调研中问题的答案，也没必要这么做。

用户画像（personas）是某一用户群体所提取的用户特征及行为的概括。与流行的观点相反，用户画像并不是某单一用户的泛化且模糊的行为特点，目的是在产品团队中建立同理心。它也不是某些团队为了体现他们所认为的目标用户而臆造出来的用户形象。和本章中提到的每种方法一样，用户画像也是基于研究数据的结果。

一张用户画像包含细分用户群体的目标、动机、背景和偏好。用户画像是由调研期间收集的行为与观点态度数据共同构成的。条件允许的话，用真实系统的用户数据来验证用户画像，是一种非常好的方式。例如，C. Todd 和他在 MachineMetrics 的团队，基于他们的用户创建了少量的用户画像。为了深入分析，他们从分析软件中提取产品使用数据（页面访问量和功能点击情况），进行 k 均值聚类算法（k-means）分析（一种基于不同数据之间的距离，在数据中进行聚类的技术）。所以，如果你有 5 种用户画像，你可以开展 $k=5$ 的聚类分析，了解这些聚类是否匹配用户画像。

用户画像中应该添加多少信息才能更真实，一直存在争议。这些添加的信息，可能是一张代表用户的照片，挑选的用户姓名和年龄范围，用户出生地，或是虚构的日常生活与爱好。这些修饰信息以"让画像更鲜活"的名义存在，但缺少研究数据的支撑。遗憾的是，这些针对普遍用户的信息并不具有普适性。因此，用研究之外的信息修饰用户画像，可能会引起毫无根据的臆想。

注5：人机交互领域（HCI）内有一个同名的研究课题。人机交互中的用户建模是指，创建正式用户模型来预测和分析使用情况。其中一部分模型被用于软件本身，使软件贴合用户的行为。我们在此处提到的方法，也需要使用类似的建模方式，但它们是用于设计数字化系统，而非用于软件本身。

比如，一名研究人员为一种特定的用户画像选择了蓄着八字胡的形象。然后，可能某些人会将八字胡与特定的种族群体关联起来（哦，好吧，有点种族偏见！），而另一些人把它与 Wyatt Earp，或者摩托车手、嬉皮士或诗人联系起来。这些修饰对用户画像没有价值。此外，在本应性别中立的情况下，造成了性别暗示。从研究之处，研究人员一直竭力避免无端的假想，如果因为一些不必要且多余的修饰浪费了前期工作，就太可惜了。除非用户群体具有非常统一的特征，否则最好避免添加这些（请阅读"缺失照片和姓名的用户画像"部分）。

虽然创建用户画像没有数量限制，但数量太多会令人难以理解，从产品角度也不太可行。根据我们的经验，3～6 种画像足以体现大多数用户（和潜在用户）的显著特征。

缺失照片和姓名的人物画像

2019 年，Advancing Research 会议团队想了解他们潜在参会用户的需求，于是，他们在设计社区组织了一项调研。他们的分析报告 "Researching Researchers——Findings&Personas"（*https://oreil.ly/mMW4R*）精彩地阐述了如何在不添加非必要的人口统计信息和臆造的背景信息的前提下，创建成功的用户画像。图 7-7 是报告中的一张用户画像示例。

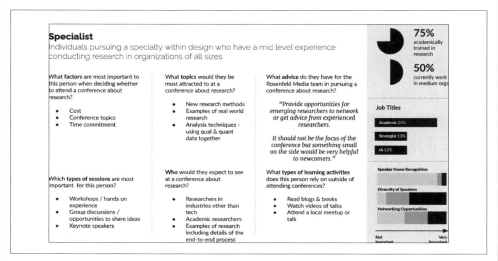

图 7-7："Researching Researchers" 报告中的用户画像

同理心地图

同理心地图（empathy map）是最简单的用户模型。它概括了用户使用产品或服务时的内心状态。通常，同理心地图由四个方面构成：用户在思考什么，有什么感受，说了什么，做了什么。你也可以添加更多，呈现用户听到的、看到的、他们的痛点、他们的期望、他们的需求、目标、潜在动机以及周围环境的阻碍。有些同理心地图还会包含用户使用前后的情况。图 7-8 是一个示例。

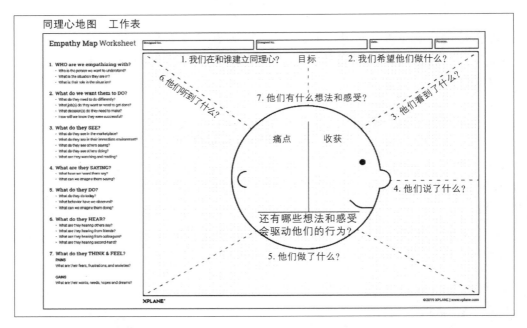

图 7-8：一种常见的同理心地图模板（来源：XPLANE 创作，采用 CC BY-SA 3.0 协议）

我们建议保留基础的用户思考、感受、说和做的区域，根据与研究问题的相关性，再考虑是否增加额外的方面。如果打算增加更多内容，尤其是增加的部分比较复杂时，比如用户的期望或动机，我们建议首先完善四个基础方面的内容。

我们建议为每位参与者，或至少为每类细分用户、用户群组或研究中涉及的每类用户画像，分别创建一张同理心地图。除非你的参与者全部属于同一用户群组，否则，用一张同理心地图代表所有用户，会使许多细微的用户差异特征被抹平，并不能收获有效的洞见。

体验地图

数据可以揭示用户的思考、反应与行为。体验地图（experience mapping）是一种通用术语，指对用户的产品使用体验的可视化，它是挖掘有力洞察的关键。不同类型的体验地图能在不同程度上传递不同的信息。接下来，我们将介绍其中三种：用户旅程地图、服务蓝图和心智模型图。

用户旅程地图（journey map）是一种叙述性的图表，表现用户在一段时间周期内的产品或服务体验旅程，通常按阶段展示。用户旅程地图始终关注终端用户的体验，关注他们的感受、心理状态、痛点、偏好等细节。（如图 7-9 所示，团队正在梳理旅程地图。）

图 7-9：Sherpa Design 的团队在工作坊中与客户团队走查一张细节丰富的用户旅程地图

服务蓝图（service blueprint）是一张内容详尽的图表，描绘了一个组织的不同部分如何共同打造用户使用体验的流程。服务蓝图细节丰富，包含大量关于一个组织如何协作以创造服务体验的数据信息。别被它的名字欺骗，以为它只适用于表现服务。所有产品都有打造终端用户体验的底层机制，而服务蓝图捕捉体现了这些机制。

心智模型图（mental model diagram）以可视化的方式，体现了用户在整个产品使用体验过程中的思考和感受。它体现了不同的产品功能在哪些方面支持了用户需要，哪些方面未达预期。心智模型图帮助你了解产品功能是如何满足或遗漏实际用户的需求的[注6]。

注6：有关心智模型图的更多内容，请查阅 I.Young 所著的 *Mental Models*（2011 年 Rosenfeld Media 出版）。

体验地图是一种有趣的练习，也是一种出色的协作分析工具。它有助于达成群体共识，并基于研究数据阐述连续的用户故事。需要强调的是，体验地图和用户模型一样，都需要基于实际的研究数据，不能建立在毫无根据的臆想之上。

草图、故事板和原型

建立合理的解决方案并亲自体验，也是分析的一环。重要的是，花更少的时间搭建，用更多的时间评估和反思这些方案。因此，不要从编程或调整工作流程入手。相反，用草图快速勾勒你的想法，并形成故事板（storyboard）和产品原型，看看一切是否合理可行（如图 7-10 所示）。如果不行，那么吸取经验，持续改进。

我们介绍的这四种方法，任何角色都可以掌握，适合较短的迭代周期，并且能与其他分析活动同时推进。

绘制草图（sketching）是一种将想法可视化的最简单的方式。它适用于快速表达呈现，然后丢掉。出于这种特点，草图通常用纸笔或在白板上完成。草图很容易入手创作，所以它们也是助力合作讨论的有效工具。

草图十分灵活：你可以画图标、界面、界面之间的跳转、逻辑流程、服务中的工作流、组织结构等任何内容。如果你正在设计一款应用程序或网站，草图将是搭建产品用户界面的第一步。它也是创建故事板的第一步。

故事板由一系列草图构成，描绘一组连贯有序的内容（如图 7-10 所示）。这段故事可以简单呈现产品界面，或用户日常生活的片段。任何会画线条圆圈的人，都能用图形拼凑简单的故事板。而一些更复杂的故事板插图，则要求一些美术功底，尤其当你需要同外部受众近距离分享故事板时。例如，假如你的故事板中需要体现公共场所的细节，插图或许需要呈现细节丰富的日常场景，或面部表情特写。

用户界面原型（user interface prototype）指一段可交互的界面组合。通常，用户界面（UI）原型体现完美路径即可：产品的主要流程，不考虑出错和极端情况。大多情况下，这些流程足以开展启发式评估，获得利益相关者的反馈，或进行基本的可用性研究。完美模拟产品流程的原型，被称作用户界面模拟（UI simulation）。

图 7-10：故事板

我们建议尽可能使用高保真原型。在过去，制作逼近最终产品的高保真原型非常艰难。而如今，像 Sketch 和 Figma 这样先进的原型设计工具，已经能很容易地制作与最终产品外观及使用体验完全一致的原型。

原型非常适合了解产品界面的操作体验，但服务却不容易通过界面原型表现。角色扮演（role-playing）可以将期望的服务体验付诸实践，以了解你的想法是否可行。你可以将角色扮演看作一种表现用户旅程地图或服务蓝图中步骤与流程的方式。角色扮演时，要克制想要跳过其他环节，表现你设计的闪亮，精彩部分的诱惑。真实地依次表现整个故事，包括实际的等待时间、中途被打断、粗鲁的人员等。请你的伙伴记录这个过程，以便日后回顾。

7.1.3 在计算中分析

我们发现一些定量分析方法对产品调研很有效。虽然整本书都与分析相关，但请将此处提到的几种方法添加到你的分析工具收藏中。这些定量分析与定性分析方法结合使用，会非常强大。

漏斗分析

漏斗（funnel）是指用户使用产品的路径。漏斗的顶端起点是用户与产品的首次接触。通常是用户首次访问产品。漏斗的其余部分，由用户在产品中使用，最终转化成为消费者的路径构成。通常，每一步都有用户流失。比如，一天内有 100 名访客查看网站，最终只有 50 人注册使用。一周内，只有 10 人转化为付费用户。该例子中，漏斗由 100 转化为 50，再到 10。漏斗分析（funnel analysis）查看用户漏斗转化数据，分析哪些环节产生了用户流失。分析的关键是了解漏斗每一步的使用转化量。漏斗有两种类型：开放式漏斗和封闭式漏斗。一个普遍的案例是网站注册流程。

封闭式漏斗（closed funnel）只有一条使用路径，没有其他选择，比如：

　　登录页→填写姓名、邮箱及密码→选择计划→注册完成

开放式漏斗（open funnel），从出发到完成任务，用户有许多选择的路径。例如，以下三个例子中的任务是完成购买，但达成这一目标，可以有不同的路径：

　　注册→产品页面→查看用户评价→购买

　　注册→购买

　　注册→查看用户评价→计划比较页面→购买

漏斗转化分析有局限性。即便是开放式漏斗，也常将用户旅程看作线性的，而通常情况并非如此。将漏斗涉及的步骤与用户旅程地图（本章中有介绍）一一对应，有助于更全面地开展定量和定性分析。

群组分析

群组分析（cohort analysis）用以判断一段时期内的用户参与度。有两种基本分组类型：获客和行为。获客（acquisition）分组指根据用户首次注册产品的时间将用户群体分层。可根据注册时间按天、周或月份对用户进行分组，监测每天、每周或每月的用户群组数据，以此了解用户从接触到持续使用产品的时间。行为（behavioral）分组指根据一段时间内用户产生的（或未曾产生）某种使用行为将用户群体分层。

举个例子，比如某种即时通信产品有 30 天的免费试用期。你可以收集在某一天注册产品的所有用户数据，比如 8 月 31 日周一这天，然后追踪这些用户的群体行为。他们会返回使用吗，每天还是每周？这里分析的是与持续使用行为相关的一种标志性行为。回想一下 3.4.2 节 Facebook "10 天 7 个好友"的例子。虽然相关性不是因果关系，但可以识别一些有效的分析切入点。例如，Zynga 的首日留存率，注册一天内返回使用的用户，更有可能成为平台的深度及付费用户，或 LinkedIn（领英）Y 天内有 X 位用户注册（X 和 Y 不再细述）。这些可最终归结为三类切入点[注7]：

社交网络密度
  一段时间周期内的接触率增长：比如通过 Facebook、LinkedIn 或 Twitter。

内容添加
  在平台里添加内容，比如在 Evernote（印象笔记）中添加笔记，或使用 Constant Contact 30 天的免费试用期发送邮件。

访问频率或内容消费
  用户留存率如何，比如 Zynga 的首日留存率或 Netflix（奈飞）系列剧每集之间的收视率差。

用户群组分析有助于识别用户流失及留存的环节，但还需要更多方法来分析用户留存情况。

留存分析

留存分析（retention analysis）深入分析消费者放弃和停止使用产品前的行为。提供一些流失环节的数据供你参考。留存率的计算方法是，一段时期内，持续为产品付费的活跃用户数量除以总体活跃用户量。图 7-11 是一个留存分析的示例。

假设某月初，你拥有 2500 个活跃用户，下个月初，你发现仅剩下 2000 个持续付费的用户。那么，该留存率就是 80%。不止于此，还要分析对收益带来的影

注 7：Richard Price, "Growth Hacking: Leading Indicators of Engaged Users" (October 30, 2012), *https://www.richardprice.io/post/34652740246/growth-hacking-leading-indicators-of-engaged*.

响。如果你的产品设有不同的会员付费计划（比如，常规计划 5 美元，高阶的 10 美元，顶级的 50 美元），收益留存也会受到较大的冲击。假如 500 个流失用户中，499 人都是"免费"或低付费用户阶层，那么流失对业务产生的影响会小于高阶付费用户的流失。结合留存分析、漏斗分析和用户旅程地图，可以更精准地掌握产品业务现状。

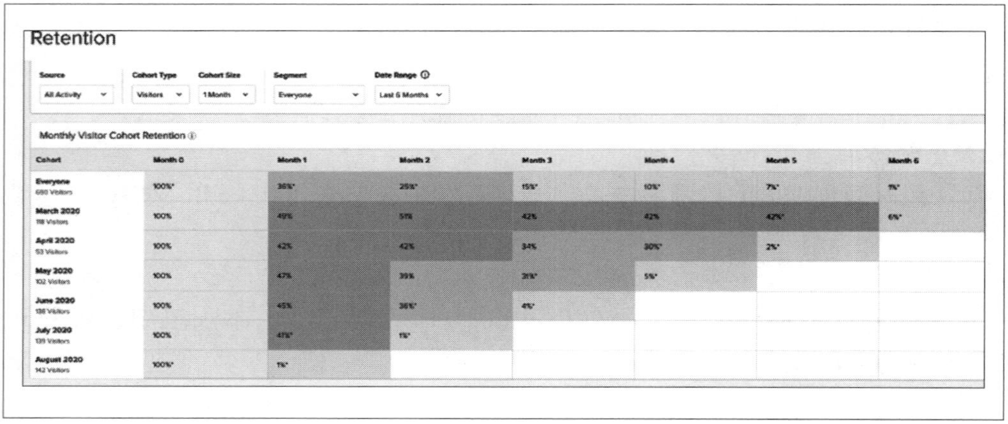

图 7-11：留存用户群组分析表（来源：pendo.io）

胜负分析

胜负分析（win-loss analysis）是一种有效的方法，利用销售数据了解人们为产品买单与否的背后原因。胜率、胜负比、亏损因素是胜负分析的三个主要部分。

胜率（win rate）指销售成功量占总体销售机会的百分比。你可以按照另一种参数进行细分，比如行业，了解某种行业是否比另一个行业更容易接受你的产品。另一种方法是按营销活动细分，了解特定营销活动的效果。例如电子书能否比邮件营销带来更多的销售量。

胜负比（win-loss ratio）尤其关注某一段时间内的胜负比例。与其他指标一样，你可以借助其他参数进行细分，比如通过销售团队或销售代表了解某一销售人员的表现，或通过竞争对手了解哪些竞争者能令你获利或亏损更多。

亏损因素（loss reason）主要了解销售流失的原因。市场细分可以有效揭示出更深层的原因，比如你的当前产品并不支持某一细分市场所需的产品功能。从客户关系管理（CRM）平台简单下载一些数据，并不能获得这些信息，你需要不断针对流失环节展开访谈。你也知道我们多么喜欢访谈！

定量产品调研对于探索改进现有产品非常有效。但是，我们同事 April Dunford 在观察后发现，定量分析永远不可能带来突破性的产品改进！

人为解读的价值

人为解读对分析具有重要意义。人为解读通常出现在定性研究中，但也能为定量数据分析带来诸多价值。它使你抛开一切数字、计算与方法，发觉数据背后的内涵。这些解读有时带有很多主观色彩。但如果数据带来了丰富的信息和有趣的故事，即便只是参与者的个人体验和看法，也可欣然接受。人为解读并不是对参与者随意的主观臆断。解读的基本前提是，重视每一个有效且具有普遍性的经验和观点。这种方式与统计学解读非常不同，统计学中，只有当某些信息出现的频率超过了一定阈值，才被认为是值得关注的。（需要重申一点，有些产品调研中的定量研究需要遵循统计学的解释。）

假设你采访了 1250 人，了解关于公共交通的出行体验，其中，1249 位参与者表示没什么特别的。但一位参与者分享了一个可怕的经历，他目睹了两名乘客从言语争执发展成地铁斗殴的过程。他没有受伤，但他感觉自己被困在了地铁车厢，一个距离地面几米以下的封闭空间里，难以摆脱。他非常担心当前的斗殴会逐渐蔓延至整个列车，而他也将被卷入进来。他感到无处躲藏，非常无助。这个突发事件对他影响很大，令他感到不安全。现在，他会尽力避免乘坐地铁出行。

纯粹统计学的、科学的解释会得出结论，认为公共交通是一种很好的出行方式。目击斗殴事件会被视作一项边缘个例。另一方面，人为解读也会认为一切都很好，但乘客之间的互动会对周围人们产生影响。解读认为，下一步应研究个人安全，乘客互动，以及内部空间设计时考虑对在密闭空间内有障碍的人们的诉求。这里有一个问题，可能会有质疑的声音："那么，多少人会有这样的经历？"这使得定量场景下插入了一段定性数据；一段截然不同的信息。

然而，广泛采用人为解读是有代价的。虽然可以得到更丰富的见解，但产生偏见的可能性也大大增加，并且有可能导致无效的结果。

7.2 真实案例：组织协作分析，即便你有外部团队的帮助

Hürriyet Emlak 是一家位于伊斯坦布尔的在线房地产公司。他们是行业领先的有力竞争者，因此倍感压力，不仅要提供完美用户体验，同时要增加更具吸引力的产品。他们也是一家资金有限的小型创业公司，所以没有资金展开完善的研究报告，他们需要从用户中学习，针对探索结果快速采取行动。

为了提高反馈速度，Hürriyet Emlak 的团队向一家用户体验设计机构 Userspots 寻求帮助，组织密集的工作坊，测试设计方案并进行改进。Userspots 招募了用户，建立了用户场景，并事先选择了三位用户测试设计方案。他们与 Hürriyet Emlak 团队回看测试记录，以便在工作坊正式开启前，着手分析并设置额外的问题。

工作坊当天早上，另外三位用户被安排参与一项可用性研究。Userspots 的调研人员则与 Hürriyet Emlak 的设计师使用 Hürriyet Emlak 团队笔记中的问题来组织会议。会议间隙，两个团队坐在一起修改原型。下午，他们分析调研结果，提出可行的解决方案（如图 7-12 所示）。这些方案按优先级加入了产品待推进目录。

图 7-12：会议中的 Hürriyet Emlak 团队和 Userspots 团队

Hürriyet Emlak 通过两种方式，机智地避免了科学化的实验流程和漫长的可

用性研究过程。首先，尽管有更专业的调研人员，他们也会亲自组织部分调研。其次，调研结束后，他们会立即组织协作分析，产出可执行的结果。这些都显著缩短了从发现到解决问题所需的时间。工作坊只是一种形式，帮助团队了解如何实施调研，获取当下可行的洞见，他们将这些过程融入了产品研发的流程。

能否将调研完全外包给研究机构呢？当前可以！但是，研究机构需要花费额外的时间制作研究报告和演示文档，阐述研究背景和研究细节，Hürriyet Emlak 团队还需要花费额外的时间理解和内部消化这些材料，然后才能考虑解决方案。很遗憾，这就是将调研剥离出去的代价。而协作分析可以更好地理解调研数据，向参与各方传播调研结果。

假如你缺乏调研方法所需的知识，可以将调研全部外包。例如，调研问题需要进行眼动追踪，而你缺少眼动追踪方面的专家或设备，除了外包，别无选择。但大多数情况下，最好能与相关各团队，包括帮助你开展调研的外包机构，共同组织调研和分析过程。

产品调研的数据分析不同于技术研发或科学研究的数据分析。主要区别是，产品调研人员更倾向于获得能令用户在几周内受益的可行性洞见，而非可能持续几个世纪，需要历经多年才能得出的真理。在实践中你会发现，有些分析方式针对某类数据更有效。你也会逐渐形成一种意识和能力，结合多种方法，获取更丰富、更具相关性、有数据做支撑的洞见。

7.3 要点总结

- 发挥数据的价值并不等于与世界隔离。邀请利益相关方一起参与分析过程。利用整个团队的专业技能，包括他们的观点。

- 一些定量方法可以增加分析的深度，例如留存分析、胜负分析、用户群组分析和漏斗分析，但也要注意它们的局限性。

- 采用人为解读的方式，理解用户的经历，同时认识到其中存在的偏见，可能会对洞见质量产生影响。

你是否与我们一样，喜欢使用并阅读
冗长且不便的纸质报告？

第 8 章

共享洞见

你最近一次提起精神阅读报告是什么时候？产品调研的全部意义在于感受用户在产品内的使用体验，而不只是通过阅读了解这一点。报告是供人阅读的——除非他们并无此期望。

C. Todd 在 Constant Contact 开展的第一次设计冲刺期间，他和同事花了整整一周时间书写了一份长达 53 页的报告，其中涉及市场调研、设计原型、用户访谈和原型测试结果。但阅读这份报告的不超过 5 个人，部分关键洞见也从未公之于众。在这个特殊的故事里，好消息是，其中一个发现有效阻止了公司在一款不会成功的产品上投入，但得到这样的结论无须 53 页报告。许多书面报告面临相同的现状：内容格式考究，但几乎无人品读。

一份长篇报告中，除了摘要，研究发现很容易被淹没。这些报告通常花费很长时间准备，也需花费很长时间阅读和消化。这正是报告的初衷，因为在学术研究的环境下，需要争论和质疑，以确保研究的合理性和可信性，确保研究能够促进知识的发展进步。在商业环境中，必须缩短这一过程，才能迅速将洞见投入实践。

虽然文字善于表词达意，但一定的表达水准才能推动行为。以我们的经验，密集的、枯燥的、充满统计数字的文字并非最佳的研究分享方式。也许一些使用现象也曾令你感到惊讶：围绕产品建立起的情感网络，围绕系统出现的政治，以及产品或服务非常规的使用行为。信息很重要，但调研发现的不仅是信息，更是洞见。

回顾一下第 3 章对洞见（insight）的定义。我们的目标是使用本章介绍的方法，挖掘那些"秘密金块"。我们将分享两种比书面报告更适于分享洞见的方法。第一种，演示，一种更为生动地向利益相关方汇报的方式。很常见，但并不总能达到预期。第二种，叙述原型，一种兼具交互性和实用性的示例展示，表现调研成果对业务的影响。我们提供了这两种方法的大纲，这样你就可以将调研结果呈现为价值满满的洞见，并了解周围人真实的认可度。

详细介绍之前，先谈谈演示的受众。利益相关者的构成会因项目和公司的不同而不同。问自己两个问题："谁应当知晓这些洞见？""谁负责将结果付诸实践？"通常，利益相关者由实践团队以及高层管理人员构成。

8.1 演示：勿长篇大论，直奔主题

演示是一种展示调研结果的好方法，无须使用冗长且不便的书面报告。调研和分析完成时，首先问自己一个问题"我能分享的最重要的洞见是什么？"第二个问题"利益相关者需要进行哪些决策？"列出问题的答案，有助于确定演示的内容。

你也许收获了大量洞见。有些更有意义。为了明确演示重点，考虑两个方面：这些洞见怎么与分析团队产生共鸣？它与调研问题有何关联？带着这些问题，确定 3～5 个核心发现，作为演示内容的主干。

既然现在你是研究目标受众的专家，那么针对演示的受众做一些简单的功课。毕竟，预先了解每位听众可能的反应会很有用。如果条件允许，事先和利益相关者单独沟通，了解你的工作是否匹配他们的首要优先级——哪怕只是 5 分钟非正式的 Slack 对话或走廊闲聊。[C. Todd 在 *Product Roadmaps Relaunched*（O'Relly）一书中称之为"穿梭外交"（shuttle diplomacy）] 这种私下一对一的"穿梭"，不受他人言语影响，能了解利益相关者在产品调研中的立场。这些信息将帮助你确立下一步计划的最终建议。

一个优秀的调研项目演示需要确立一个逻辑框架。它需要引导利益相关者了解你的进展与关键发现，且没有不必要的细节干扰。突出你所获得的洞见的相关行为和反馈。框架应遵循以下基本结构：

• 阐述调研问题的由来。

- 陈述结论。

- 概述假设和设想。

- 分享你的观察和分析。

- 推荐方案。

- 结束时，明确要点，强调原因。

让我们逐一介绍这 6 个步骤的细节。

1. 阐述研究问题的由来

- 假如你读过 Simon Sinek 的 *Start with Why*（Portfolio 出版），就会明白我们的意思。Sinek 推荐一套沟通顺序：先解释原因，再解释如何做，最终阐述做了什么。反过来则是沟通时的常用顺序，但效果差强人意。从阐述目的和原因开始，能为听众描绘出一个理想愿景，他们可以就此了解更多。确立原因对任何事情的开展都非常重要。介绍故事时，按照一定的顺序，先阐述当前工作的重要性，然后是如何推进，最后做了什么。没错，就像讲一个故事。

- 第一个部分，清晰阐述当前调研问题的由来，以及得出该问题的过程细节。请思考这些问题：为什么探索这个主题？对产品有何助益？目标受众会怎样受益？

2. 陈述结论

- 我们知道，你在尖叫："结论要放在最后！"但听我们的，你绝不想直到演示结束才展示结论。

- 强烈建议直奔主题，提前告诉听众结论。可以将结论看作一种摘要。这么做的原因是：如果先阐述所有的方法和结论，听众可能会得出与你完全不同的结论。你不希望这样，他们也是。前面陈述结论，接着便可解释结论产出的过程。这一点很重要，尤其某些听众对数据和洞见持有不同的观点或偏见。陈述结论有助于降低这些听众打断演示的风险。

3. 概述假设和设想

- 正面诚实地陈述你在研究之前持有的偏见和设想，以及你期望测试的假设。公开这些情况，分享你是如何解决这些问题的。

4. 分享你的观察和分析

- 用简洁的语言阐述每一项主要发现。避免使用不确定或笼统的表达，尽量使用短句。相比"有些用户可能没有看到这个按钮"，不如用"这个按钮的呈现并不清晰明确"。表述时使用主动语态。用清晰简单的句子阐述用户在每个研究环节做了什么，为什么这样做。这样能使团队以参与者视角看待问题，也能更快、更容易去理解。

- 分享观察结果有许多方法。有定性方法，比如引言、录像、录音、艺术创作或日记研究记录，有定量方法，比如调研结果、数值统计、问卷或表现数据。简要介绍从数据收集到的信息。它们说明了什么？为什么参与者会产生这些行为，或提出这样的反馈？

5. 推荐方案

- 建议根据每一项重要发现提出 3～5 个解决方案，以供团队参考。设计用户界面时，可以呈现所有方案或选择性展示。当团队合作调研时，每个人都应给出推荐方案，无论是否完善。你可以咨询负责实施这些推荐方案的团队。请他们参与分析过程，甚至是实地调研。提出建议并不代表要负责方案的实施上线，也不代表设计原封不动地保留方案。专注收集想法和反馈，不要考虑完美方案。

- 不要期望团队和决策者在这个阶段确定方案。推荐方案只是参考。对于设计团队，基于这些推荐汲取灵感，最终全不采纳，是很普遍的。

- 不必拘泥于用户界面方案，可以提出任何层面的调整建议：例如运营建议，如定价、定位、营销活动、系统调整或品牌更新。提出大幅度的改动建议时，措辞要适当。表述清楚简洁，但要以推荐的口吻请团队"考虑"，而不是命令：

  ◆ "考虑放弃功能 x。"

  ◆ "考虑允许用户不登录便可查看。"

  ◆ "考虑免费方案的潜力。"

调研报告应包含设计建议吗？不是必需的，但如果数据分析团队的建议涉及如何在设计中呈现，那么提供设计方案就很合理！无论是否是设计师，调研团队最了解问题，很有可能提供有效方案。

6. 结束时，明确要点，强调为什么

- 阐明核心的发现后，其余发现也要易于理解。采用类似的语言，文字要简洁，易于理解。确保补充要点可以支持你的调研发现，或至少不会偏离重心。你当然希望汇报结束时，听众仍对你的分享记忆犹新。为了保持简洁，你可以将进一步的洞见连同收集到的数据列成一张清单。

- 结尾和开场同样重要。收尾时再次强调研究问题，总结核心发现，介绍推荐的解决方案。如果确定了后续步骤，也列出来。然后征集反馈和建议，并确保任何提出方案或想法的人都能为此负责。最重要的是，了解谁还会对这些结果感兴趣。始终强调研究问题的由来，将洞见和结论与调研问题关联起来。

演示结束后，记得分享你的幻灯片，或许可以在幻灯片笔记中补充更多细节。比如，在幻灯片后面加入一些相关方法的介绍（即便不演示），会很有帮助。演示目的不是展示"如何做"，但如果有针对所选方法的问题提出，这些幻灯片可以帮助你回答。另外，分享幻灯片时，没有出席现场的人也可以了解这些内容。

8.2 叙述原型：展示和介绍

在原型的帮助下，调研结果、设计建议及方案细节都得以一一展现。当你希望彰显调研成果的潜在影响力，比如当前的影响以及潜在的可行性时，原型是一种很好的方式。与其耗费时间阐述你的能力，不如通过原型表达你的意图。

叙述原型与常规的原型不同。它主要包含原型内容的阐述（比如，橙子是橙色的）。叙述原型的受众是内部的利益相关者，而非外部的消费者或用户。它的流程很不一样，主要基于调研洞见，将一种或多种方案与选择这些方案的原因结合在一起共同进行阐述。

基于一套设计系统，你可以很快制作出逼近真实效果的高保真原型。但这种做法是正确的吗？你一定不希望利益相关者认为问题已被解决，或只有一种解决方案。

传统的产品调研认为应使用低保真原型，因为它们能清楚地告知利益相关者产品尚未完成，还有更多探索的空间。然而，以我们的经验来看，低保真原型会带来许多问题。首先，它会引发额外的问题和讨论："我们为什么要更换视觉设计？""我喜欢这个流程，但设计有些死板。""为什么要用这么多白色？"这会转移演讲的焦点，浪费观众宝贵的注意力。在展示一个略显粗糙的视觉方案时，你将不得不解释为什么它看起来是那样的，而无法专注于讨论设计方案。

我们建议展示高保真原型，将重心聚焦在解决方案上。

构建叙述原型时，要注意一点，内部用户使用的设备是不同的。要针对移动端和桌面端优化你的原型，使它适配各类使用环境。你可以依照 8.1 节列举的要点组织原型的结构，但原型的互动性更强，所以需要强调不同的细节。下列要点可以辅助你搭建一个展示性的叙述原型。其中涉及 4 个基本步骤，如图 8-1 所示。

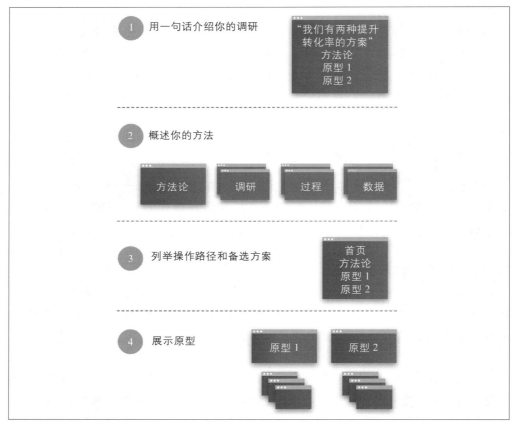

图 8-1：建立叙述原型的 4 个步骤

我们一起查看这些步骤。

1. *用一句话介绍你的调研*

展示原型前，应当在原型的首页目录中添加一句调研介绍。最好是和调研问题相关的内容。然后，采用一种方式牵引原型的阐述过程，可以是一个简单的"继续"按钮，或一个更为相关的操作按钮（CTA）。例如：

"查看解决方案"

"展示备选方案"

"关于调研项目的更多信息""我们如何开展调研"

2. *概述你的方法*

第二页简述如何挑选调研方法，如何招募调研对象，以及如何收集信息的过程。一种创造性的介绍方式是，为每一个部分附上详情链接，更好地辅助原型的演示。可以采用中心网状结构设置这些链接，方便观众选择性地查看感兴趣的细节内容，而无须强迫他们依次点击查看每一部分内容。

3. *列举操作路径和备选方案*

向观众展示不同的操作路径与方案。最好为每种方案设置一个简短的标题及一句描述，比如"快速转账：去除不必要字段的新流程"或"简单结账：使用新钱包功能的精简流程"。将对比方案链接到此页中，例如，在一张表格中，对比展示成本 / 收益，实现难易程度，以及操作负担。如果备选方案已经测试过，并得到了相关的数据，那么可以在一个额外的表格中单独进行比较。这在移动平台上很难展示，所以最好选择一些最重要的因素进行比较。

4. *展示原型*

此处的原型有所不同。在每个备选方案流程的末尾处，总结观众之前所看到的内容。概述该方案如何解决问题，以及有关成本 / 收益，实现容易度，或操作负担的考量。然后，可以提供点击链接来查看其他方案或返回界面 3。创意但比较耗费人力的做法是，在每个方案的结尾处附上一张反馈表。

8.2.1 导航

保证观众自由浏览原型是很重要的。他们应当能够随时返回两个界面：界面 1，以便查看调研摘要，以及界面 3，以便查看其他备选方案。如果可行，允许观众在不同方案之间跳转。这一点很关键，尤其当你的方案是关于某一界面布局或颜色变化时。如果你的原型工具支持，可以添加一项分析功能，追踪人们是如何浏览原型的：他们是点击回到主页面，还是在方案间跳转？观众如何浏览原型是很关键的。

8.2.2 个性化

有时，观众浏览原型时会发现令他们困惑的内容。这里有一个关于外部用户的个性化案例：在 Constant Contact 期间，C. Todd 在一些小型企业中测试一个原型，其中包括一家花店。一名来自律师事务所的参与者浏览原型时感到很困惑，因为他对于所浏览的业务信息知之甚少。因此，他转而开始关注原型测试目标之外的细节。如果你正在进行内部演示，应当针对目标团队或利益相关者制定个性化原型。使观众的精力更加投入专注！这需要一点额外的工作，但大多数时候的付出会获得丰厚的回报。

8.2.3 共享

共享叙述原型的方式有许多。可以将它链接至公共云上，托管在内部服务器上，或者作为可下载的文件存储在服务器或类似于 Dropbox 的文件共享服务产品上。

最普遍的方式之一是使用原型工具，比如 Figma、Sketch、Adobe XD、Justinmind、InVisionApp 或 Framer（还有许多！）。它们有些是基于云的，存储在本地的或混合的。许多原型工具支持共享设置，允许将共享限制于一段时间内或特定的被邀请人。在某些行业，如医疗保健、金融或电信行业，法规可能不允许将某些数据存放在云上。共享前，与你的法务合规部门确认，看看什么方式是被允许的。法规可能还会限制有关敏感用户数据（以保护隐私和数据）、已知漏洞（出于安全原因）和未来计划（保持战略优势并避免内幕交易）的共享。一定要针对你的情况进行了解：如果仅因分享一个简单的界面设计而被处罚，是非常可惜的。

分享工作成果，可以采用这两种方式或混合使用它们。和你分享的其他内容一样，受众会提出问题，会有评论以及可怕的"关于……怎么样？"的问题。换句话说，你会收到反馈。如何管理反馈，决定了你的成果是被接受并付诸实践，还是被忽视。

8.3 管理反馈

所有反馈都是好的吗？哪些说"是"的人认为，欢迎所有反馈，则不会遗漏任何有价值的信息，即便接受那些与演示或原型初衷不一致的反馈。那些声称并不是所有反馈都好（或等价！）的人，则会丢失那些可能不具备"价值"的反馈，在这个过程中，有价值的反馈可能会被丢弃。

谁是对的？回答是那些说"是"的人，所有反馈都是好的。让我们继续。

反馈是成功产品的命脉。最好的反馈能够回答三个关键问题：

- 目标是什么？
- 我们如何朝着这些目标前进？
- 下一步我们应当做什么？

你可以将它们相应重新组织为上馈（目标）、反馈（进度）和前馈（下一步）。你所收到的任何研究反馈都应从这三个方面进行分类。

有些人厌恶反馈！这是因为我们人类的大脑会对身体威胁外的社会威胁，做出应激反应。反馈是有威胁性的，能够触发自我保护的本能，所以如果你收到了很多不想要的反馈，你可能会一言不发。如果你是给予反馈的人，一个周到的探究性方式有助于接收方更好地吸纳反馈。

接下来，我们将讨论三种类型的反馈：表现性反馈（有时也称为反应性反馈）、指令性反馈和探究性反馈（有时也称作评论性反馈）[注1]。每一种都有其细微的差别和用途。如何理解和吸纳反馈将有助于你的研究推进。

8.3.1 表现性反馈

表现性反馈是情绪化的，通常是即时的。虽然我们没有这方面的定量数据，但经验告诉我们，这是最普遍的一种反馈。一个"哦！"或"啊？"可能传递出许

注1：Adapted from Adam Connor and Aaron Irizarry, Discussing Design (O'Reilly), *https://www.oreilly.com/library/view/discussing-design/9781491902394.*

多有关你的演示或原型带给别人的感受。表现性反馈有时被称作反应性反馈，因为它只是一种情绪反应。

正因为它是情绪化的，你需要适当地处理这类反馈。积极的、消极的或中性的表达是如何影响你对信息的反应？人类是情感生物。我们试图让理性的大脑主导一切，但反应性反馈会提示我们如何来处理我们从用户或利益相关者那里获得的其他信息。

如果有人看到你的作品时，惊呼"哇！精彩！"你会如何解读这种反应？一种方法是深入了解这种反应的原因。你可以做类似的情绪和语言回应："哈哈，谢谢！有何精彩之处？"相反，如果是消极的反应，比如"啊，这太糟糕了！"时，一个恰当的情绪回应可以是"哦，对不起！请问什么地方让你觉得糟糕？"

注意这里使用了相同的词语表达。这对于收集更多反馈并了解对方为什么会有此反应是非常重要的。如果你立即询问："为什么你认为它很精彩 / 糟糕？"可能会令对方认为自己的反应是错误的，从而使他们开始防御。人们的反应很少是"错误的"，只要了解他们，就能正确理解它们。如果你的反应看起来不真实，就有可能失去获得更多深入反馈的可能。此时，营造心理安全感是最重要的。缺少安全感的人不会为你提供更多信息。

也要避免听到"精彩"而不去了解背后的原因。人们有时会表现出这些反应，是因为他们担心如果他们说出了残酷的事实，你可能不会喜欢他们，或担心你会评价他们的反应。针对表现性反馈，最好的处理方法是了解反应的原因，将对话引导至他们关注和强调的部分。

而像"嗯"这样中性的反馈，同样值得关注。类似的反应可能说明你真的需要深入挖掘反馈。

8.3.2 指令性反馈

指令性反馈，顾名思义，指的是一些人告诉你应做什么。它很容易识别，通常表现为"嗯，我会……"或"为什么你不……"管理指令性反馈颇具挑战，即便这些建议是中肯的，但它们通常是固执己见的，且与研究目标无关。指令性反馈通常被认为是纠正性反馈，因为反馈者认为做事有"正确"和"错误"之分。

这种反馈具有很强的评价特质。

当大多数反馈都是指令性的时候，通常出现两种结果。一是接受指令并按此行事。二是变得具有防御性。这两种倾向都很危险。识别这类反馈可以帮助你重新引导这类反馈。例如，当听到"我会在这里使用下拉框而不是输入框"的反馈时，可以回应并调整为"哦，这种做法很有意思。这种方式如何能够帮助实现更稳健的用户体验目标？"这样的回应可以引发讨论，朝着明确的目标推进。

8.3.3 探究性反馈

探究性反馈会针对你的选择和研究阐述提出问题。当你获得表现性和指令性的反馈时，你需要重新定位反馈。探究性反馈触及了我们之前所提问题的核心：目标是什么（上馈）？我们如何朝着这些目标前进（反馈）？下一步我们应当做什么（前馈）？如果你收到的问题与既定目标不一致，一定要澄清："所以这里我们的关键研究问题是……"或"我们的目标是……"如果你收到的反馈无法支持这些目标，需要在继续推进前，努力调整一下方向。

最近，C. Todd 正在与 MachineMetrics 的一个团队合作，了解用户对于汇报工厂数据的需求。结果发现，从周日开始，他们处处需要各类数据。每位客户的业务各不相同，尽管 MachineMetrics 可以提供巨大的数据支持，但产品所提供的格式在当时却是有限的。这令许多用户感到沮丧，因此研究的目标聚焦在了解用户如何处理数据并做出哪些决策。最初的内部反馈非常直接，集中在所需的具体功能上，而缺乏对用户数据需求更清晰的了解。花了些时间令团队重新聚焦，当反馈与目标保持一致后，最终帮助团队打造了一款全新的汇报功能，并取得了巨大的成功。

当收到反馈时，你需要了解如何通过它们推进解答你的研究问题。只有这样，你才能跳出与直接利益相关者分享的局限，而向更广泛的受众群体共享调研成果。

8.4 更广泛地共享调研成果

当你处理反馈时，与组织内更多的人分享它，总是有帮助的。不要通过电子邮件发送大型报告。我们提到不要写大行报告的次数已经够多了。为了后来的读者着想，再强调一次。为了更广泛地与内部利益相关者共享，可以考虑提供一份附有原始材料链接的报告摘要，或一段剪辑过的用户原型操作视频，包括用户原声在内。

8.5 调研成果的保存与存档

考虑到隐私问题、黑客攻击以及无处不在的云服务，决定在什么地方以及如何存储调研材料是一个挑战。你应该不希望使用一个现代版的三环活页文件夹，塞满在一个未上锁的文件柜内，以至于公司里的任何人都能访问（但从没人访问过）。

在"应用程序"时代，确实有一些基于云的平台，可用于安全地存储调研成果及原始材料。有些甚至可以帮助你在调研过程中进行项目管理。

如果你不选择这些工具，请考虑为团队设置一些指导原则。例如，C. Todd 在MachineMetrics 的团队通过 Zoom（如果是远程）或手机（如果是面对面）记录他们的访谈，然后将视频存储在基于云服务的安全网络文件夹中。任何调研洞见和记录都会保存在该文件夹内。他们还为感兴趣的人创建了一份总结摘要。

8.6 驱动受众采取行动

调研很棒，但如果你无法将之付诸实践，那又有什么用呢？每一位利益相关者都有大量的工作要完成，却没有太多时间去完成。他们需要知道你的调研工作如何能帮助他们达成目标。清楚表明这一点，有利于确保调研成果最终被投诸实践。当所有人都能理解调研的目的以及调研有何帮助时，他们会比以往更快地采取行动。

8.7 要点总结

- 受到鼓舞的人能完成精彩的工作。激励你的团队对你的调研采取行动，你就能顺利地管理你的产品调研。

- 以利益相关者能够理解的方式分享研究成果。一份大体量的调研报告很有可能被忽视。请以叙述原型或演示文稿的形式展示你的研究成果。

- 反馈是一种礼物！识别表现性和指令性的评论。尝试引导探究性反馈，这样就可以将你的洞见与目标结合，沿着你的目标推进，并明确下一步的行动。

- 使所有利益相关者清晰了解你的成果与下一步建议，推动调研付诸实践。

你能在短期快速取胜的调研与长期收获深刻永恒洞见之间取得平衡吗？

你知道答案！

第 9 章

好的调研习惯成就伟大的产品

既然你已经了解产品调研的规则，下一步是学习如何坚持使用它们。你和你的团队如何才能改变现有习惯，吸收所学的最佳实践？本章将介绍如何将产品调研融为公司文化的一部分。我们将了解习惯是如何形成的，习惯性的调研实践如何成为日常工作的一部分，如何使调研成为软件开发流程的一部分，就此我们还将剖析一些案例，看看其他团队是如何做出显著的改变和调整的。

9.1 打造调研的行为习惯闭环

James Clear 在其畅销书籍 *Atomic Habits*（兰登书屋出版社）中指出了习惯形成的四大具体步骤：线索、渴望、回应和回报。线索是诱因，渴望是动力，回应是采取的行动，回报是完成行动的奖赏。以下是 C. Todd 如何在个人生活中不知不觉将这些步骤付诸实践的故事。当他第一次开始晨练时，5 点起床锻炼似乎很可笑。而他的姐姐也想多做锻炼，于是他们约定每个工作日清晨一起锻炼。事实证明，这成为他们习惯养成过程中完成的最有利的事情之一：增加社会压力。他不想让他的姐姐失望！在建立和保持一种习惯的过程中，情感是最强大的动力，而不是理性因素。闹铃是触发诱因，渴望是不想令姐姐失望，回应是和姐姐在健身地点相见，回报是一同锻炼后的美好感觉，如果其中一人在锻炼中超过了另一人，甚至会出现一点点兄弟姐妹竞争的意味。这是多年前的事情了，而清晨锻炼的习惯一直保持至今。

为什么习惯可以保持得如此良好？四种要素结合确实能保持一种习惯……嗯，

保持一种惯性！这样的方法也适用于形成你的调研习惯，包括情感驱动。一旦你确定了正确的线索，就能找到自己的渴望，即找到你所关注的调研问题的答案。你的回应是通过选择合适的调研方法进行调研，以回答这个问题。回报是获得开启新的可能性的洞见。

当 Jeff Vincent 担任 Appcues 产品经理时，他与首席产品设计师 Tristan Howard 建立起一套线索 - 渴望 - 回应 - 回报的循环机制，以形成团队的产品调研习惯。以下是具体做法：

线索

首先，他们基于日历建立了一个线索：他们将每个月的第三个周四作为调研日。如果有任何用户注册访谈，团队其他成员则会收到来自 Slack 的提醒消息。

渴望

在第三个周四来临之前，产品团队可以看到 Slack 群组中是否有用户注册。针对产品团队外的人员，这样做有助于提升流程的可见度和话题度。

回应

团队对于和用户合作非常兴奋。他们还想把所有感兴趣的人拉进来。所以他们将通话转成流媒体格式，公司里的任何人都可以收听他们感兴趣的研究。他们录制的可用性研究包括原型、访谈、绘制草图和卡片分类研究。

回报

团队对他们的用户有了更多了解，有时甚至会嘲笑自己，因为他们眼看着自己的假设在所有人面前破灭。最重要的是，他们不断靠近调研问题的答案，并收获有价值的洞见。

这种方式的一个重点是，它结合了 C. Todd 和姐姐故事中的元素：社会压力。向全公司公开研究过程，展示月度计划，建立了一套他们自己不得不遵循的规范，否则就会令同事们失望。为了进一步巩固每月的调研节奏，团队建立起"展示 - 介绍"日，产品团队可以向整个公司展示他们正在解决的一些产品功能和问题。通常包含一些月度调研的成果。

Jeff 和 Tristan 以一种习惯性的方式在整个公司内分享信息,这种做法很聪明,对他们的持续成功非常重要。你所追寻的结果正是由产品团队和用户之间的许多连接点构成的,这些成了整个团队的习惯。

还有一件事可以将习惯转变为成功:以团队进行联系。20 世纪 90 年代的芝加哥公牛队可以说是有史以来最具实力的篮球队。关于其原因有很多理论,其中几个原因比较突出。首先,迈克尔·乔丹——多次最佳球员,全明星球员,得分王——在赢得总冠军之前为公牛队效力了六个赛季。但公牛队赢球并不只是因为乔丹的存在。个人的努力可以走得更远,但是无法使球队获得总冠军。1989年,Phil Jackson 担任球队主教练,他非常注重团队,鼓励乔丹少关注个人追求,多关注球队整体水平的提升。

其次,你认为公牛队能在没有任何训练的情况下赢得六次 NBA 总冠军吗?你能想到任何一支球队仅参与就能赢得比赛吗?尽管他们天赋异禀,但如果缺少练习,球队就无法获胜。产品研发也是一项团队活动,产品调研也是如此。

练习无法"造就完美"。没有人是完美的。练习只能令你表现得更好,这才是最重要的。团队该如何练习呢?不要误解我们的意思:如果你在读完此书就开始实践我们建议的每件事,我们会很高兴,但还是建议你小步快跑,将我们的建议扎实地落实在用户研究中。挑选一条规则,检查自己是否真的已经掌握,并根据需要调整。然后再继续实践另一条,直至掌握所有九条规则。

9.2 自由分享调研成果

为了获得产品调研的成功,你需要了解你所在的组织成员的知识范围。我们曾在第 8 章谈到了分享的重要性。如何将分享转变成一种习惯呢?分享对你所在组织的一些人来说是一种线索!

当调研成为一种习惯,从客户和用户中学习成为企业文化的一部分时,就会有许多团队同时针对身边的问题组织调研。其中一些问题是重叠交叉的。例如,一个团队可能正在进行关于线上购物车功能的可用性研究,另一个团队正在调研用户对定价的反馈,而另一个团队正在调研关于支付账单中出现的错误数据。如果没有人将这三项调研方法与类似的问题联系起来,比较他们的调研发现,那么公司就会错过一个重要的机会点。

有两种方式可以建立这些联系：雇用一个足以填满整个足球场的调研人员团队，或要求每个人展开调研前关注一下其他人的工作。正如我们在第 3 章详述的，现有的调研成果是形成调研问题的最宝贵的财富之一。

使组织中的每个人都能像你发现问题重叠时讨论你的想法一样，轻松了解研究结果。英国外卖平台 Just Eat 的团队在他们的应用程序[注1]中展示卫生评级时，就是这样做的。Just Eat 有一个用户研究团队、一个数据团队以及一个洞察团队。用户研究团队了解到，一些用户不想知道当地卫生委员会对餐馆卫生状况的评价。数据团队表明，披露这一信息会使订单数量锐减。洞察团队在调研中发现，用户认为卫生状况非常重要。

如果没有集中协调梳理他们的发现，这三种发现可能会造成碎片化以及非常不同的产品决策。最终，团队决定展示卫生评级，这对顾客、餐厅和公司都更好。通过分享，他们更深入地了解问题，并达成一个深入思考后的解决方案。并且，他们没有重复造车：合作意味着他们不必重新学习已获得的知识，而鼓励合作的组织文化能使这种合作成为一种习惯。

你可以建立一个调研资料库来进一步分享洞见：公司内每个人所做调研的合集。资料库应对公司内每个人开放，一些公司甚至在网上公开了部分调研结果。资料库的格式可以像公司服务器上的共享目录一样简单，也可以像定制化的调研洞见管理平台一样复杂[注2]。一些调研团队将它们的发现存储在云平台上，这些平台提供了比共享文件更高级的管理与搜索功能，但开发和维护成本明显低于自定义的解决方案[注3]。

不过，你并不需要限制于数字化的分享方式。调研团队会举办欢乐时光（happy hour）、棕色袋装午餐会以及 Zoom 线上聚会活动，与其他团队进行交流，并讨论自己所做的调研。你也可以举办类似的活动来谈论最近从用户中的所得。这很有趣，也能帮助你认识其他部门的人，倾听他们的想法。谁知道呢，或许下一个项目，你就需要他们的支持呢！

注 1：Mike Stevens, "How Leading Insight Teams Combine Research and Analytics 2: Just Eat," Insight Platforms, *https://insightplatforms.com/leading-insight-teams-research-data-analytics-just-eat*.

注 2：WeWork 的 Polaris 和微软的 HITS 是关于定制化调研存储库的两个很好的例子。

注 3：撰写本书时，EnjoyHQ、Aurelius、Dovetail 和 Condens 都是时下流行的提供调研资料存储功能的工具。

9.3 赋能他人开展产品调研

随着公司规模的扩大，调研足迹遍布得越来越广，一个资料库是不够用的，你需要组织调研的方方面面，以便组织中的每个人都能使用和访问。这门学科被称作 ResearchOps，简称为"调研运营"（research operation）。它是一种新兴的、由社区驱动的方法，旨在使每个人都能开展调研[注4]。它主张开展结构化、标准化的调研流程。调研运营为组织提供了一个塑造他们角色、工具和流程的起点，以扩大调研的影响。它涵盖了共享数据、洞见等调研的许多方面，使所有团队都更容易获得有价值的洞见（如图 9-1 所示）。

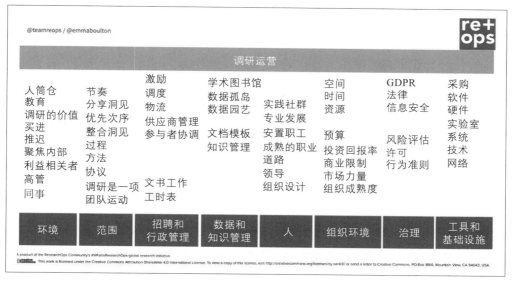

图 9-1：用户研究的八大支柱（来源：研究运营社区，*https://oreil.ly/dcH43*）

尽管只有少数公司拥有专门的调研运营团队，以及完整的调研运营角色，但世界各地的许多团队都采用了这个框架。这些团队帮助其他团队规划调研，寻找参与者，管理调研预算，选用合适的研究工具，组织培训和指导。

你可以随意了解这些角色、流程和工具，并挑选适合自己的。调研运营高度依赖于用户研究人员，但受市场调研人员的影响较小，因此如果你的组织更擅长

注4：调研运营（ResearchOps）有一个成员，叫设计运营（DesignOps），它的目标是令组织中的每个人都能进行设计。这两种方法均受到 DevOps 的启发。DevOps 是一种技术手段，旨在提高自动化程度，消除代码编写人员（开发人员）和保障代码启动与运行效果的人员（运维人员）之间的界限。

市场调研和分析，那么当你将调研方法推广至每个人时，你可能需要做进一步的调整。

9.4 敏捷软件开发中的调研

我们谈到了线索 - 渴望 - 回应 - 回报循环机制，这是一种建立习惯的方式。保持习惯的一种好的方式是重复。如果设置的线索具有很强的重复性，你就能更好地坚持这种习惯。前面提到过，循环的日历邀请就是一个重复的例子。但是，在打造数字化产品方面，有一种建立在重复短周期上的实践：敏捷软件开发。将调研作为敏捷软件开发的一部分，可以进一步强化调研习惯。

敏捷不是一种过程：它是一种哲学，一种开发产品的思维方式（第 1 章提到过）。起草于 2001 年的敏捷宣言（*http://agilemanifesto.org*），定义了软件开发的四种核心价值：

- 个体和互动高于流程和工具

- 工作的软件高于详尽的文档

- 客户合作高于合同谈判

- 响应变化高于遵循计划

这四种价值至今依然适用，并被应用于软件开发之外的领域中[注5]。在数字化产品开发领域，Scrum 框架是优化团队产出的最普遍地敏捷框架（如图 9-2 所示）。它的"仪式"（即流程）已经被越来越普遍地运用于团队运作中，可以说是根深蒂固。Scrum 没有定义关于调研的仪式或步骤，但它的灵活性允许你在不影响其优势的前提下，将产品调研的实践融入其中。

有两种方法可以将产品调研与 Scrum 结合起来[注6]。最常见的方法是，通过前期调研，将工作事项添加至 Scrum 待办列表中。这被称作工厂方法（factory approach）：将待处理的内容置于待办列表中，然后由一个团队成员打造这些内

注 5：Steve Denning 的 *The Age of Agile*(Amaryllis Business) 是一本很棒的书，书中充满了在组织中广泛应用敏捷实践的公司的例子，而不仅是 IT 团队。

注 6：如果你对 Scrum 方法论不太了解，请查阅 Scrum 词汇表（*https://oreil.ly/6Xi7E*）。想要了解更多敏捷术语，请查阅敏捷联盟的敏捷术语表（*https://oreil.ly/OuJRq*）。

容。无须安排迭代计划，因为你只是提供了一堆待办内容。如果说这和瀑布流式没什么不同，你是对的！当团队在一个迭代中致力于完成这些工作事项时，你可以提供产品分析反馈，通过评估性用户研究获得用户反馈，并在迭代评审会议、迭代计划和待办事项梳理会议中展示这些反馈。

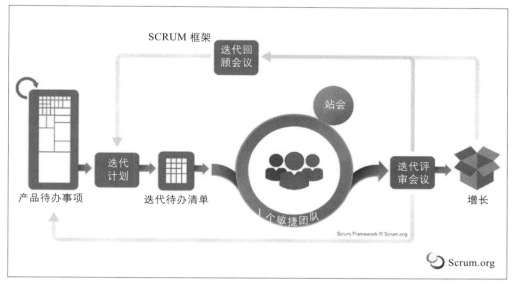

图 9-2：Scrum 框架（转载须获得 *https://oreil.ly/nHc4e* 授权）

第二种方法是，在同一个团队中将探索和交付工作分开。在这种方法中，团队的每个人都会参与调研和交付工作。这被称作产品方法（product approach）：共同参与有生命力的产品工作。这是非常重要的差异，因为它涉及让工程师成为调研团队的一部分[注7]。这并不是说，只有用户体验团队和产品团队负责探索工作，而设计师与工程师负责交付工作。许多组织担心工程师参与代码之外的事情会削弱生产力。这种想法令人遗憾。那些与产品经理和设计师一起了解用户的工程师，在打造正确解决方案时更高效，因为他们对问题有更为清楚的了解。当整个产品团队都参与到探索和交付的工作中时，就能和 20 世纪 90 年代的芝加哥公牛队一样，成为一个高效的产品团队！

哪个更好，工厂方法还是产品方法？我们见过使用任何一种方法的团队都取得

注 7：更重要的是，产品调研人员被期望成为技术研发过程的一部分，不一定是通过编写代码进行测试，而有可能是帮助建立用户故事、编写验收标准或开展手动测试。

了很好的效果。但是，根据我们和同事们的经验，那些采用更接近产品模式的团队——在同一时间共享不同角色的工作，模糊角色之间的界限的团队——对他们的工作氛围更为满意，这些体现在他们工作的质量与完整度上。

无论采用哪种方法，将研究融入开发过程会改变你的计划。你会发现有些问题并没有预想的那样严重。你可能会发现自己完全错过了关键的部分。调研洞见可能会告诉你，有些计划之后完成的事情，现在就需要留意。这些都是有意义的改变，它们令你摆脱假设，专注于有价值、有意义的工作内容。

调研帮助我们了解用户的需求。在 Scrum 中，产品负责人（product owner）是一个重要角色，他旨在倾听用户的声音。许多产品调研团队认为，仅与产品负责人交谈就足以了解用户需求。这不能算是向用户学习，因为产品负责人不是用户。你需要花费时间与真实用户一起，或直接查看用户的实际使用数据，才能与用户建立联系。更糟糕的是，我们甚至听说，有些产品负责人会在设计师或分析人员联系用户时进行抱怨。如果你是其中之一，请道歉并停止这样做。如果你正和这样的产品负责人合作，考虑和他们聊一聊，比如在复盘会上，带他们学习第 1 章中提到的概念。

敏捷方法，尤其是 Scrum，通常能够优化项目产出的速度和资源运用效率。毫无疑问，在当今飞速发展的世界中，快速高效的行动至关重要。然而，"快速行动，打破常规"的精神虽然诱人，但往往导致执行欠佳。

速度固然重要，但不能不惜一切代价。钟摆不需要朝一个方向摆得太远，相比长时间的调研工作，我们更加提倡将调研工作纳入现有的工作流程中。

9.5 提升调研能力

参与正规的培训和阅读是培养调研能力的良好的起点。我们很高兴你打开了这本书，希望你有许多机会实践应用其中的想法。但是，阅读与培训无法带领你走得长远。一旦你掌握了基础知识，接触各种方法、上下文和各类型的问题来实践调研能力就显得尤为重要。

其中一种方法是扩大合作圈。你的同龄人越多样化，你所接触到的有趣问题就越多。对你而言，新问题是锻炼洞察式思维和实践研究方法以学习新事物的绝佳机会。此外，这也是双向有益的：与更多合作者合作，也能令他们更多接触调研，改善他们的研究学习方法。

我们采访了一家农业技术制造商中负责研究的用户体验团队。他们的工作是在数字化平台上通过建议和预测，帮助农民获得最佳的土地收成，并且在收割机和拖拉机等农用设备上采用了车载软件。这是一个与电子商务或银行业等纯数字化产品截然不同的领域。在农业生产中，就算产品不工作，也无法随意退货，每年只有一次机会来提升作物产量，其中有些车辆一年只使用三周。这样，如何才能提高这类产品的用户黏性和留存率？如何确保产品清晰易懂，避免损坏农作物？如何增加新的功能而不造成意外损失？

对一个团队而言，单凭自己的力量处理所有这些问题有些困难。用户体验团队认为，好的体验是通过协作完成的。当你交付的产品由实体和软件共同组成时，尤其如此。用户体验团队邀请产品管理、用户支持、数据分析、质量把控／验证、安全和实体产品工程团队参与调研活动，以了解复杂的需求，为农民打造良好体验。请注意，这些是在他们与真实用户、潜在用户以及销售代表所做的调研工作的基础上开展的。他们开放协作的工作方式提醒着每个人，了解实际用户如何使用产品、他们对产品的感受，以及产品如何长远地影响着他们，对市场的成功至关重要。

提升调研技能的另一种好方法是与外部研究机构合作。研究机构雇用了精通各类调研方法的调研人员。他们无法像你一样了解公司的运作，或对公司的情况有所知晓，但他们能知道你想要了解和掌握的方法。与他们合作，共同调研，了解这些方法，但不要将调研工作完全外包，否则你将无法提升自己的调研能力。也就是说，我们的意思是，永远不要外包调研工作，但如果你想发展自己的调研能力，则需要与研究机构合作，而不是将工作交给他们。正如 Jared Spool 在 Twitter 上所说："外包用户研究就像外包假期。他们可以完成工作，但不太可能达到预期的效果。"注8

关于增加你的调研方法资料库的最后一个提醒：尝试新方法时，管理你的期望。

注8：Jared Spool (@jmspool), Twitter, February 20, 2019, *https://twitter.com/jmspool/status/1098089993174568960.*

尽管尝新的兴奋感很美妙，但请记住，好的产品调研始于问题，而非方法。

9.6 让调研成为习惯的团队故事

下面是一些来自不同团队的小故事，它们体现了我们在本书中所分享的规则。

9.6.1 一个中心化团队如何开展用户研究

Zalando 是一家欧洲领先的电子商务公司，总部位于德国，围绕快餐、物流和广告行业提供数字化解决方案等相关业务。它的企业经营建立在 100 多个被赋能的产品团队之上，他们独立完成工作来取得成果。这些团队与中央用户研究和客户满意度团队合作，了解用户需求。

集权会造成权力斗争，中央团队试图制定严格的标准，并亲自完成一切事务。Zalando 的中心化用户研究团队恰恰相反。该团队由 15 名调研人员构成，他们将大约 40% 的时间用于需要高阶调研和分析技能的战略研究。其余时间则赋能产品团队开展他们自己的调研。

为了支持其他团队，他们量身定制了培训计划，提供启发式和程序清单，设置了答疑时间，使团队可以寻求帮助来规划自己的调研。他们组织了一个叫作用户体验传送带（UX Carousel）的计划，每周连续招募用户开展三次 30 分钟的访谈，每次访谈由不同的产品团队负责。Zalando 的中心化团队减少了寻找、筛选和安排合适用户的开支，使产品经理和设计师可以频繁开展自己的调研，同时确保他们与正确的用户进行沟通。

中心化用户研究团队还会基于正在开展的调研分享用户画像和用户旅程模板。他们的用户画像描绘了用户普遍关注的问题和动机。这些工具支撑了以用户为核心的日常对话和整体策略，并在产品团队间建立了强有力的一致性。

Zalando 的方法挑战了产品设计师做不了产品用户研究的神话。产品设计师是中心化研究团队所培养的最庞大的一个群体，其次是产品经理，项目经理。这些帮助 Zalando 及其分公司持续地展开调研，而无须大量雇用调研人员。

9.6.2 中心化市场调研团队、用户研究团队及多元化团队如何协同工作

在线旅游业务竞争激烈。各公司竭尽所能优化他们的用户旅程，为用户提供愉悦的体验。一家领先的旅游网站通过整合分析团队、市场调研团队和用户研究团队，集中展开用户研究。

用户研究团队主要负责两种工作。第一种是他们所谓的基础研究（foundational research），即研究解决具有战略业务影响的广泛问题，例如，了解特定细分人群的用户期望，或探索住宿业的发展方向。基础研究涉及探索更深层的用户诉求，了解用户使用背景及用户动机。这些项目要求对调研实践有很好的掌握，包括高阶的调研知识，以建立多元化、多方法结合的用户研究，获得广泛适用的洞见，而不仅停留在可用性和数字化体验层面。

第二种是与产品团队一起工作，帮助他们同该领域的用户和客户交流。用户研究团队有一个手册，概括了用户研究的基本原理，以及如何在产品开发中使用它们。团队可以借助这本手册来访谈用户，完成基本的可用性研究。

这家公司的许多团队都在使用 Scrum 框架，它可以缩短某些问题的处理时间。有时，用户研究团队会帮助敏捷团队建立起自助式可用性研究、拦截调查和电子邮件调查。他们并肩工作，拟定问题，回顾分析。通过系统性地回顾所有团队的调研，用户研究团队可以在多个产品团队中识别出重复出现的主题，而不必亲自完成所有调研，接着，他们将这些主题添加至洞见资料库中，供公司内所有人查阅。

用户研究团队位于数据和市场营销的重要交叉点，因此能够有效地得到洞见。他们通过赋能产品团队开展调研，扩大这种动态的优势。

9.6.3 调研人员如何让调研成为一种习惯

让调研成为产品团队的一种习惯的一种方法是雇用许多调研人员，并将他们安排在每一个团队中。一家音乐流媒体公司做了一点与众不同的事，使调研成为一种习惯：重新定义调研人员的角色。

在更传统的组织内，调研人员像内部顾问一样工作，他们代表团队组织调研工作。在这种设定下，调研人员归属于一个中心部门，被"租借"给需要调研的团队。调研人员规划并执行调研活动，与项目团队分享调研结果，然后回到中心部门，接着被分配至下一个项目。换句话说，调研人员充当了专家角色，根据需要不断地调动。

而这家公司采用了一种不同的方式。他们将调研分为两大类：基础性调研和评估性调研（evaluative research）。

针对基础性调研，调研人员仍然扮演专家角色，规划并执行调研活动，与公司的其他同事分享策略洞见。

第二种调研类型是评估性调研，它关注的是能够推动产品发展的核心问题，比如更简单的用户期望、可用性和用户对特定产品功能的偏好。该公司的调研人员完成了一部分这类工作，他们也帮助设计师规划和执行他们自己的评估性调研。调研人员作为导师，帮助产品团队规避方法性错误，主动提供帮助并纠正方向。

为了帮助产品团队亲自实践调研活动，调研人员和他们一起合作，传授他们计划、执行及分析阶段的基础知识。他们还教授简单的用户访谈、调查和远程可用性测试的基础技能。

他们在公司黑客活动中开展进阶课程，使那些对用户研究感兴趣的人能够拥有研究的能力。

相比将调研视作调研人员才能拥有的专业技能，该公司将向用户学习看作每个人的责任。调研人员充当了专家、导师以及质量把控人员，让这一切成为可能。

9.6.4 如何在整个组织内轻松定义调研问题

有时，确定一个调研问题很困难。许多情况下，你会找到一些备选问题，而且还能很快缩小选择范围。但有时，从你的直觉，到一个明确的问题，再到一个调研问题，可能是一个艰难的周期。如果你所从事的是一个复杂的领域，可能还必须从多种角度（详见第 3 章）结合考虑来得出调研问题。对于经验丰富的团队，这样的过程可能不是问题，但对于经验不足的团队，这是一个巨大的阻碍。而且，你的大多数同事可能才刚接触调研工作。如果提出一个好的调研问题对大多数人都很困难，那么就很难将调研发展成一种习惯。对此有什么办法吗？

我们采访过一个电子商务公司的团队，他们每年开展一次大规模的用户调查，将调查结果与公司的年度目标相结合。然后，将这些数据与解读分享给产品团队。每个产品团队都可以查看数据和解读，以制定他们想要探索的调研问题。这种共享使获得相关且有价值的调研问题变得非常容易，也在产品团队层面促进了许多小型的调研活动，将产品调研推动成一种持续的活动。

由此的启发是，针对每一项产品调研计划，不必提出一个全新的调研问题。如果你不是定义调研问题的人，没关系，如果你的问题是曾经考虑过的问题，也没问题。当调研成为一种习惯后，对用户有了更好的了解，就能快速吸收新的洞见，或调整调研方向。

9.6.5 一个人的调研团队如何发挥影响力

金融行业公司在收集和解读定量数据方面有着丰富的经验。但是，正如你在第 7 章所了解的，仅靠定量数据不足以推动产品的成功。这就是为什么一个时下流行的金融应用程序团队聘请了 Endet，她是一名在定性与定量方法方面颇有经验的调研人员。

作为一家国际分布式团队的首位调研人员，建立和维护一个广受欢迎的金融应用程序是一项艰巨的任务。无论经验多么丰富，仅凭一位调研人员，无法独自完成这项工作。Endet 必须找到一种方法，在不雇用任何人的情况下，快速拓展她的调研规模。为此，她公开了自己的调研过程，并邀请其他人参与其中。

"我只向他们介绍了我的一部分工作" Endet 说。她和不同的团队会面，分享她做过的工作，以及这些工作如何能够实现他们的目标。她询问他们的诉求，花时间和他们一同寻找好的调研问题。当他们确定了自己的诉求时，她便同他们一起挑选合适的调研方法并制定调研计划。他们一起筛选用户，选择最佳的访谈方法。准备访谈时，她帮助他们制定实地指南。进行概念研究时，她同设计师紧密合作，设计能够从用户中收集有效反馈的合适的概念。

Endet 也明白深入实地组织研究带来的挑战。刚开始时，新手团队对于进入用户的家中显得犹豫不定，所以他们从公司办公室着手调研工作。不过，当与用户直接接触带给他们惊人的洞见后，他们希望走近用户，在真实环境中感受用户的使用情况。即便因为新冠疫情，这些团队不得不转向远程调研，他们依然保持联系，因为他们已经开始共享调研成果。

除了分享定量趋势外，Endet 还展示了向用户学习的重要性。她开放包容的方法吸引了设计师、工程师、产品经理甚至高管们，他们纷纷参与调研。Endet 的故事表明，只要拥有正确的态度，即便一个人，也可以通过帮助团队规划和执行调研，培养团队卓越的调研能力。

9.7 下一步

好了，就到这里吧。感谢你同我们一起走过这段旅程！

最后一章中，我们谈到了如何做才能持续了解用户。谈到了习惯是如何随着时间形成，如何通过寻找正确的线索、渴望、回应和回报来使这个过程变得更容易。我们谈到了团队应如何建立习惯，通常要通过反复的练习和温和的社会压力。我们讨论了如何将调研融入敏捷开发过程。我们强调了与 Scrum 团队合作的不同模式，以及如何利用迭代计划、迭代评审会议和待办列表等获取洞见或进行调研规划。我们谈到了与经验丰富的调研人员合作，从他们身上学习。

当把调研变为一种习惯时，你会发现方法运用中的变化。花费在完善问题、寻找参与者、确定合适方法上的时间减少了。为调研所做的一切准备工作，开始变得像第二天性一样。如果形成了产品调研的习惯，你就不会每次花费时间寻找新的调研问题，你将有能力分析调研结果，发现缺失的部分，并快速启动新的调研过程。

你会和来自不同部门和领域的有趣的人一起工作，一起分析，理解数据的意义。你会发觉自己在分析数据与实地调研中切换时毫不费力。有时，你需要减少前期的调研工作，实现一些功能，然后从实践中获取经验。你将懂得如何在快速获取成功的短期调研与收获深入洞见的长期调研之间进行平衡。

研究做得越多，就能越做越好。像运动员一样，你需要通过练习来提高，教练的帮助是很重要的。无论你处于产品调研的哪个阶段，你总能有所进步。

MC、C. Todd 和 Aras 不断通过参与工作坊、聘请教练和寻求指导来提高他们的技能。（更不用说写一本书了！）

要养成良好的产品调研习惯，最好的建议之一是保持好奇心、保持谦虚。始终放低自我，提出真诚的问题，总能帮助你揭示洞见，为你的用户提供持久的价值。

希望你能喜欢我们提出的这套规则。让我们一起回顾它们。你能行的！

规则 1：拥抱错误
规则 2：人人持有偏见，包括你
规则 3：好的洞见始于一个问题
规则 4：计划使调研行之有效
规则 5：访谈是一项基本技能
规则 6：仅有对话不够
规则 7：协作分析共同成长
规则 8：共享洞见
规则 9：好的调研习惯成就伟大的产品

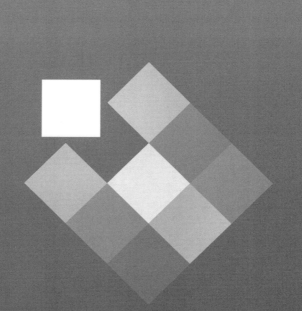

作者简介

Aras Bilgen 帮助设计师、产品团队和高管在产品研发中使用以人为本的方法。他曾领导 Garanti BBVA 的体验设计和前端开发团队，管理 Lolaflora 和 Monitise 的数字化产品团队，并在 Intel 担任用户体验规划师。目前，他在 Kadir Has 和 Medipol 大学讲授体验设计课程。他所参与的产品在全球有超过 1.6 亿的用户。

C. Todd Lombardo 是 ProductCamp 的创始人，目前在一家位于波士顿的 IoT SaaS 平台 MachineMetrics 领导产品、设计和数据科学团队，还在马德里 IE 商学院及巴尔的摩马里兰艺术学院担任客座讲师。之前，他担任过科学家、工程师、设计师、教授及产品经理。他在 O'Reilly Media 出版的其他著作有 *Design Sprint*（2015）和 *Product Roadmaps Relaunched*（2017）。

Michael Connors 在他的职业生涯中一直担任各类数字化产品和印刷品方面的设计师。他纯艺术专业出身，拥有绘画艺术硕士学位。目前，他是一家位于波士顿的研发设计公司的设计总监，为大品牌、初创公司以及介于二者之间的公司提供数字化产品。他也是马德里 IE 商学院的客座教授，多年来也在其他高等教育机构担任设计客座讲师。

封面简介

本书封面由 Michael Connors 设计。

推荐阅读

用户体验要素：以用户为中心的产品设计（原书第2版）

书号：978-7-111-61662-7 作者：Jesse James Garrett 译者：范晓燕 定价：79.00元

Ajax之父经典著作，全彩印刷
以用户为中心的设计思想的延展

"Jesse James Garrett 使整个混乱的用户体验设计领域变得明晰。同时，由于他是一个非常聪明的家伙，他的这本书非常地简短，结果就是几乎每一页都有非常有用的见解。"

—— Steve Krug（*Don't make me think* 和 *Rocket Surgery Made Easy* 作者）